本書をお使いの方へ

本書は，毎回少しずつ継続的に

家庭での学習習慣を身につけることを目的とした問題集です。

中学生のみなさんの中には，

「忙しくて家でなかなか勉強できていない…」

「学校の授業に思うようについていけない…」

と悩んでいる方も多いと思います。

その気持ち，とてもよくわかります。

中学校の学習内容は小学校と比べて難しくなりますし，

部活動や学校行事などもあって大変なこともあるでしょう。

しかし，今後に向けて今のうちから学習習慣を身につけておくことは，

成績を伸ばすうえでも，勉強以外の活動を両立するうえでも，

とても重要なことです。

本書は，1回の分量は1ページだけで，各10分ほどで学習可能です。

この本を使って，少しずつ中学校の勉強に慣れていきましょう。

本書が，みなさんの学習に役立ち，

より充実した中学生活の一助となれば幸いです。

数研出版編集部

本書の特長と使い方

●特長

　本書は，忙しくて時間が取れない人や，勉強が苦手という人でも無理なく学習習慣が身につけられるように工夫されています。

> ・中学1年生で習う英語のうち，必ずおさえておきたい基本問題を扱っています。
>
> ・1回の分量はたった1ページで，10分ほどで取り組める分量になっています。
>
> ・楽しみながら取り組めるように，なぞときがついています。

●使い方

このような1行問題が，本文中にランダムに出てきます。空欄を埋めていくと，3ページの「なぞときパズル」が完成していって…!?

学習した日付と得点を書き込みましょう。

このページで学習する問題に取り組みましょう。

ここまでで1回分が終了です。答え合わせをしましょう。

●登場するキャラクター

ぼくたちと一緒に勉強しよう！
ぼくは，問題のヒントを出してサポートするよ。

数犬チャ太郎

なぞときについては，次のページに詳しい説明があるよ！

チャッピー

なぞときパズルに挑戦！

STEP1 本文中のどこかに，なぞときの問題が9問あるよ。
その問題を探して，①〜⑨でわかったアルファベットを下に入れよう！

①	②	③	④	⑤	⑥	⑦	⑧	⑨

STEP2 アルファベットを下の表の数字に置きかえて，パスワードを完成させよう！

◆パスワード◆

例）Bなら5，Dなら13に置きかえる

B
5

D
1 : 3

■アルファベット・数字変換表■

Aa	Bb	Cc	Dd	Ee	Ff
1	5	9	13	16	18
Gg	Hh	Ii	Jj	Kk	Ll
19	2	6	10	14	17
Mm	Nn	Oo	Pp	Qq	Rr
22	20	3	7	11	15
Ss	Tt	Uu	Vv	Ww	Xx
8	23	21	4	24	12
Yy	Zz				
26	25				

STEP3 右下のQRコードを読みとって，パスワードを入力しよう！

も　く　じ

5

解答　別冊1ページ

1 次の英文の（　）内から適する語を選び，○で囲みなさい。［1点×2］

(1) I (am, are) a student.

(2) You (am, are) twelve.

2 次の日本文に合うように，＿＿＿に適する語を書きなさい。［1点×2］

(1) 私は台所にいます。　＿＿＿＿＿＿＿ ＿＿＿＿＿＿＿ in the kitchen.

(2) あなたはロンドンの出身です。＿＿＿＿＿＿＿ ＿＿＿＿＿＿＿ from London.

3 次の英文を日本語になおしなさい。［1点×2］

(1) You are a doctor.

＿＿＿＿＿＿＿＿＿＿＿＿＿＿＿＿＿＿＿＿＿＿＿＿＿＿＿

(2) I am a tennis player.

＿＿＿＿＿＿＿＿＿＿＿＿＿＿＿＿＿＿＿＿＿＿＿＿＿＿＿

4 次の日本文に合うように，（　）内の語句を並べかえなさい。［1点×2］

(1) 私はサトウ ユウジです。

(Sato Yuji / am / I).

＿＿＿＿＿＿＿＿＿＿＿＿＿＿＿＿＿＿＿＿＿＿＿＿＿＿＿

(2) あなたはニューヨークにいます。

(in / are / New York / you).

＿＿＿＿＿＿＿＿＿＿＿＿＿＿＿＿＿＿＿＿＿＿＿＿＿＿＿

5 次の英文を（　）内の指示にしたがって書きかえるとき，＿＿＿に適する語を書きなさい。

(1) You are Mike. （下線部をI にかえて）　　　　　　　　　　　　［1点×2］

＿＿＿＿＿＿＿ ＿＿＿＿＿＿＿ Mike.

(2) I am a high school student. （下線部をyou にかえて）

＿＿＿＿＿＿＿ ＿＿＿＿＿＿＿ a high school student.

今日はここまで! おつかれさま!

6

2 I am 〜. / You are 〜. ②

月　日　　　点／10

解答　別冊1ページ

1 次の日本文に合うように，＿＿に適する語を書きなさい。［1点×2］

(1) 私は疲れています。　　　　　＿＿＿＿＿＿＿＿ tired.

(2) あなたはジョンのお兄さんです。　＿＿＿＿＿＿＿＿ John's brother.

2 次の( )内の語句を並べかえなさい。［1点×2］

(1) (Sapporo / from / I'm).

＿＿＿＿＿＿＿＿＿＿＿＿＿＿＿＿＿＿＿＿＿＿

(2) (are / Mr. Brown / you).

＿＿＿＿＿＿＿＿＿＿＿＿＿＿＿＿＿＿＿＿＿＿

3 次の英文を( )内の指示にしたがって書きかえなさい。［1点×2］

(1) You're in the gym. （主語をIにかえて）

＿＿＿＿＿＿＿＿＿＿＿＿＿＿＿＿＿＿＿＿＿＿

(2) I am an English teacher. （主語をyouにかえて）

＿＿＿＿＿＿＿＿＿＿＿＿＿＿＿＿＿＿＿＿＿＿

4 次の日本文を英語になおしなさい。［2点×2］

(1) あなたは音楽の先生です。

＿＿＿＿＿＿＿＿＿＿＿＿＿＿＿＿＿＿＿＿＿＿

(2) 私はオーストラリアの出身です。

＿＿＿＿＿＿＿＿＿＿＿＿＿＿＿＿＿＿＿＿＿＿

主語がかわると，be動詞はどうなるかな？

今日はここまで！ おつかれさま！

3 第1章 be動詞
This is ～. / That is ～. ①

月　日

点

10

解答　別冊1ページ

1 次の英文の（　）内から適する語を選び，○で囲みなさい。[1点×2]

(1) This (am, are, is) a camera.

(2) That (is, are, am) a picture.

2 次の日本文に合うように，＿＿に適する語を書きなさい。[1点×2]

(1) これはバナナです。　　＿＿＿＿＿＿＿ ＿＿＿＿＿＿＿ a banana.

(2) あれは新しい車です。　＿＿＿＿＿＿＿ ＿＿＿＿＿＿＿ a new car.

3 次の英文を日本語になおしなさい。[1点×2]

(1) This is a computer.

＿＿＿＿＿＿＿＿＿＿＿＿＿＿＿＿＿＿＿＿＿＿＿＿＿＿＿＿＿

(2) That is a library.

＿＿＿＿＿＿＿＿＿＿＿＿＿＿＿＿＿＿＿＿＿＿＿＿＿＿＿＿＿

4 次の日本文に合うように，（　）内の語句を並べかえなさい。[1点×2]

(1) これは私の家です。

(this / my house / is).

＿＿＿＿＿＿＿＿＿＿＿＿＿＿＿＿＿＿＿＿＿＿＿＿＿＿＿＿＿

(2) あれは中学校です。

(is / a junior high school / that).

＿＿＿＿＿＿＿＿＿＿＿＿＿＿＿＿＿＿＿＿＿＿＿＿＿＿＿＿＿

5 次のようなとき，英語で何と言うか。＿＿に適する語を書きなさい。[1点×2]

(1) 近くにあるものをさして，「～です」と言うとき。

＿＿＿＿＿＿＿＿＿＿ ＿＿＿＿＿＿＿＿＿＿ your cap.

(2) 離れたところにあるものをさして，「～です」と言うとき。

＿＿＿＿＿＿＿＿＿＿ ＿＿＿＿＿＿＿＿＿＿ a hospital.

今日はここまで！おつかれさま！

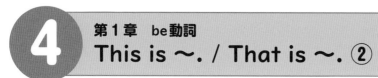

解答　別冊2ページ

1 次の日本文に合うように，＿＿に適する語を書きなさい。［1点×2］

(1) こちらは私の先生です。

＿＿＿＿＿＿＿＿ ＿＿＿＿＿＿＿＿ my teacher.

(2) あれはみどり町駅です。

＿＿＿＿＿＿＿＿ ＿＿＿＿＿＿＿＿ Midori-cho Station.

2 次の（　）内の語を並べかえなさい。［1点×2］

(1) (is / dictionary / this / a).

＿＿＿＿＿＿＿＿＿＿＿＿＿＿＿＿＿＿＿＿＿＿＿＿＿＿

(2) (your / that / sister / is).

＿＿＿＿＿＿＿＿＿＿＿＿＿＿＿＿＿＿＿＿＿＿＿＿＿＿

3 次の英文を日本語になおしなさい。［1点×2］

(1) This is a beautiful park.

＿＿＿＿＿＿＿＿＿＿＿＿＿＿＿＿＿＿＿＿＿＿＿＿＿＿

(2) That's my math teacher.

＿＿＿＿＿＿＿＿＿＿＿＿＿＿＿＿＿＿＿＿＿＿＿＿＿＿

4 次の日本文を英語になおしなさい。［2点×2］

(1) これはあなたのカップです。

＿＿＿＿＿＿＿＿＿＿＿＿＿＿＿＿＿＿＿＿＿＿＿＿＿＿

(2) あれは私のギターです。

＿＿＿＿＿＿＿＿＿＿＿＿＿＿＿＿＿＿＿＿＿＿＿＿＿＿

今日はここまで！ おつかれさま！

5 第1章 be動詞
He is ～. / She is ～. ①

月　日

点

／10

解答　別冊2ページ

1 次の英文の（　）内から適する語を選び，○で囲みなさい。[1 点× 2]

(1) He (am, are, is) Kenji.

(2) She (am, is, are) a student.

2 次の日本文に合うように，＿＿に適する語を書きなさい。[1 点× 2]

(1) 彼は私の息子です。　　＿＿＿＿＿＿＿ ＿＿＿＿＿＿＿ my son.

(2) 彼女は教室にいます。　＿＿＿＿＿＿＿ ＿＿＿＿＿＿＿ in the classroom.

3 次の英文を日本語になおしなさい。[1 点× 2]

(1) She is my mother.

＿＿＿＿＿＿＿＿＿＿＿＿＿＿＿＿＿＿＿＿＿＿＿＿＿＿＿＿＿＿＿＿＿＿＿＿

(2) He is a junior high school student.

＿＿＿＿＿＿＿＿＿＿＿＿＿＿＿＿＿＿＿＿＿＿＿＿＿＿＿＿＿＿＿＿＿＿＿＿

4 次の日本文に合うように，（　）内の語句を並べかえなさい。[2 点× 2]

(1) 彼はトム・ブラウンです。

(Tom Brown / is / he).

＿＿＿＿＿＿＿＿＿＿＿＿＿＿＿＿＿＿＿＿＿＿＿＿＿＿＿＿＿＿＿＿＿＿＿＿

(2) 彼女は 30 歳です。

(she / thirty / is).

＿＿＿＿＿＿＿＿＿＿＿＿＿＿＿＿＿＿＿＿＿＿＿＿＿＿＿＿＿＿＿＿＿＿＿＿

今日はここまで！ おつかれさま！

解答　別冊2ページ

1 次の日本文に合うように，＿＿に適する語を書きなさい。[1点×2]

(1) 彼女は忙しいです。　＿＿＿＿＿＿＿ busy.

(2) 彼は中国の出身です。　＿＿＿＿＿＿＿ from China.

2 次の英文を（　）内の指示にしたがって書きかえるとき，＿＿に適する語を書きなさい。

(1) I am a soccer player.（下線部をsheにかえて）　[1点×2]

　＿＿＿＿＿＿＿ ＿＿＿＿＿＿＿ a soccer player.

(2) You are from London.（下線部をPaulにかえて）

　＿＿＿＿＿＿＿ ＿＿＿＿＿＿＿ from London.

3 次の（　）内の語を並べかえなさい。[1点×2]

(1) Ms. (coach / is / Taguchi / my).

　Ms. ＿＿＿＿＿＿＿＿＿＿＿＿＿＿＿＿＿＿＿.

(2) (very / tall / he's).

　＿＿＿＿＿＿＿＿＿＿＿＿＿＿＿＿＿＿＿＿＿

4 次の日本文を英語になおしなさい。[2点×2]

(1) 彼女は看護師です。

　＿＿＿＿＿＿＿＿＿＿＿＿＿＿＿＿＿＿＿＿＿

(2) ジム(Jim)は公園にいます。

　＿＿＿＿＿＿＿＿＿＿＿＿＿＿＿＿＿＿＿＿＿

なぞとき　アルファベットの9番目の文字は？

　①　　　　　　　　　▶▶ p.3の ① にあてはめよう

今日はここまで！ おつかれさま！

11

7 am not / are not / is not ①

月　日

点
/10

解答　別冊 2 ページ

1 次の英文の（　）内から適する語句を選び，○で囲みなさい。［ 1 点× 2 ］

(1) He (am not, are not, is not) Jun.

(2) I (are not, am not, is not) from Canada.

2 次の日本文に合うように，＿＿に適する語を書きなさい。［ 1 点× 2 ］

(1) 私は神戸（こうべ）の出身ではありません。

I ＿＿＿＿＿＿ ＿＿＿＿＿＿ from Kobe.

(2) ベスは 12 歳（さい）ではありません。

Beth ＿＿＿＿＿＿ ＿＿＿＿＿＿ twelve.

3 次の英文を否定文に書きかえるとき，＿＿に適する語を書きなさい。［ 1 点× 2 ］

(1) This is a library.

This ＿＿＿＿＿＿ ＿＿＿＿＿＿ a library.

(2) I'm in Fukuoka now.

＿＿＿＿＿＿ ＿＿＿＿＿＿ in Fukuoka now.

4 次の日本文に合うように，（　）内の語句を並べかえなさい。［ 2 点× 2 ］

(1) これは私の自転車ではありません。

(not / this / my bike / is).

＿＿＿＿＿＿＿＿＿＿＿＿＿＿＿＿＿＿＿＿＿＿＿＿＿＿＿

(2) あなたは病気ではありません。

(are / sick / you / not).

＿＿＿＿＿＿＿＿＿＿＿＿＿＿＿＿＿＿＿＿＿＿＿＿＿＿＿

今日はここまで！ おつかれさま！

第1章　be動詞
am not / are not / is not ②

点／10

解答　別冊2ページ

1 次の日本文に合うように，＿＿に適する語句を書きなさい。［1点×2］

(1) 彼_{かれ}は教室にいません。

_____ in the classroom.

(2) 私は寒くありません。

_____ cold.

2 次の英文を否定文に書きかえるとき，＿＿に適する語を書きなさい。［1点×2］

(1) That is a city hall.

That _____ _____ a city hall.

(2) I am a college student.

I _____ _____ a college student.

3 次の英文を日本語になおしなさい。［1点×2］

(1) That's not my father.

_____

(2) Your aunt isn't in the park.

_____

4 次の日本文を英語になおしなさい。［2点×2］

(1) オカ先生(Ms. Oka)はあなたの先生ではありません。

_____

(2) 彼はオーストラリアの出身ではありません。

_____

「あなたの〜」はyour 〜，「〜の出身」はfrom 〜で表すよ。

今日はここまで！ おつかれさま！

13

解答　別冊3ページ

1 次の英文の答えとして適するものを，ア〜エから選びなさい。[1点×4]

(1) Is Jane a high school student?　（　　　）　　ア　Yes, I am.

(2) Is that your T-shirt?　　　　　　（　　　）　　イ　Yes, she is.

(3) Are you a math teacher?　　　　　（　　　）　　ウ　Yes, he is.

(4) Is Mr. Sumi from Kagoshima?　　（　　　）　　エ　No, it's not.

2 次の日本文に合うように，___に適する語を書きなさい。[1点×4]

(1) あなたはアイの妹ですか。　　　　_____ _____ Ai's sister?

(2) （(1)に答えて）いいえ，ちがいます。No, _____ _____.

(3) これはあなたの帽子ですか。— はい，そうです。

_____ this your cap? — Yes, _____ is.

(4) ジョンはその部屋にいますか。— いいえ，いません。

_____ John in the room? — No, _____ is not.

3 次の日本文に合うように，（　）内の語を並べかえなさい。[1点×2]

(1) あなたのおばさんは親切ですか。

(is / kind / aunt / your)?

_____

(2) あれはレストランですか。

(a / is / restaurant / that)?

_____

今日はここまで！おつかれさま！

解答　別冊3ページ

1 次の日本文に合うように，＿＿に適する語句を書きなさい。［1点×2］

(1) こちらはジョンのお父さんですか。

＿＿＿＿＿＿＿＿＿＿＿＿＿＿＿＿＿＿＿ John's father?

(2) あなたは怒っていますか。

＿＿＿＿＿＿＿＿＿＿＿＿＿＿＿＿＿＿＿ angry?

2 次の英文を（　）内の指示にしたがって書きかえるとき，＿＿に適する語を書きなさい。

(1) Mai is a basketball player.（疑問文に）　　　　　　　　　　　　［1点×2］

＿＿＿＿＿＿＿＿＿ ＿＿＿＿＿＿＿＿＿ a basketball player?

(2) （(1)にYesで答えて）

Yes, ＿＿＿＿＿＿＿＿＿ ＿＿＿＿＿＿＿＿＿.

3 次の英文を日本語になおしなさい。［1点×2］

(1) Is this your watch?

＿＿＿＿＿＿＿＿＿＿＿＿＿＿＿＿＿＿＿＿＿＿＿＿＿＿＿＿＿＿＿＿＿

(2) Is your aunt in Osaka?

＿＿＿＿＿＿＿＿＿＿＿＿＿＿＿＿＿＿＿＿＿＿＿＿＿＿＿＿＿＿＿＿＿

4 次の日本文を英語になおしなさい。［2点×2］

(1) あなたは今，疲れていますか。

＿＿＿＿＿＿＿＿＿＿＿＿＿＿＿＿＿＿＿＿＿＿＿＿＿＿＿＿＿＿＿＿＿

(2) イシイ先生（Mr. Ishii）はあなたの音楽の先生ですか。

＿＿＿＿＿＿＿＿＿＿＿＿＿＿＿＿＿＿＿＿＿＿＿＿＿＿＿＿＿＿＿＿＿

今日はここまで！ おつかれさま！

解答　別冊3ページ

1 次の英文の( )内から適する語を選び，○で囲みなさい。[1点×2]

(1) I (play, am) soccer.

(2) You (are, like) music.

2 次の日本文に合うように，＿＿に適する語を書きなさい。[1点×4]

(1) 私は本を2冊読みます。 ＿＿＿＿＿＿ ＿＿＿＿＿ two books.

(2) あなたは秋田に住んでいます。＿＿＿＿＿＿ ＿＿＿＿＿ in Akita.

(3) 私はカメラがほしいです。 ＿＿＿＿＿＿ ＿＿＿＿＿ a camera.

(4) あなたは駅へ歩いて行きます。＿＿＿＿＿＿ ＿＿＿＿＿ to the station.

3 次の英文に合うように，＿＿に適する日本語を書きなさい。[1点×2]

(1) I have breakfast every day.

私は毎日, ＿＿＿＿＿＿＿＿＿＿＿＿＿＿＿＿＿。

(2) You have a cat.

あなたは ＿＿＿＿＿＿＿＿＿＿＿＿＿＿＿＿＿。

4 次の日本文に合うように，( )内の語句を並べかえなさい。[1点×2]

(1) 私は日曜日に数学を勉強します。

(study / I / math) on Sunday.

＿＿＿＿＿＿＿＿＿＿＿＿＿＿＿＿＿＿＿＿＿ on Sunday.

(2) あなたにはお姉さんが1人います。

(have / a sister / you).

＿＿＿＿＿＿＿＿＿＿＿＿＿＿＿＿＿＿＿＿＿

今日はここまで！ おつかれさま！

12 一般動詞の肯定文②

月　日

点 / 10

解答　別冊4ページ

1 次の日本文に合うように，___に適する語句を書きなさい。［1点×2］

(1) 私は土曜日に公園で写真をとります。

_____ pictures in the park on Saturday.

(2) あなたは夜に音楽をききます。

_____ to music at night.

2 次の（　）内の語を並べかえなさい。［1点×2］

(1) (my / you / house / know).

_____

(2) (school / go / I / to) with Yuki.

_____ with Yuki.

3 次の英文を日本語になおしなさい。［1点×2］

(1) You play the piano very well.

_____

(2) I make dinner on Sunday.

_____

4 次の日本文を英語になおしなさい。［2点×2］

(1) 私は英語が好きです。

_____

(2) 私は毎日，自分の部屋を掃除します。

なぞとき

「春」は英語で何？

	②			

▶▶ p.3の ② にあてはめよう

今日はここまで！ おつかれさま！

1 次の英文の（　）内から適する語を選び，○で囲みなさい。［1点×2］

(1)　(Are, Is, Do) you swim?

(2)　Do you drive a car? — No, I (am, do, is, are) not.

2 次の日本文に合うように，＿＿＿に適する語を書きなさい。［1点×2］

(1)　あなたは奈良に住んでいますか。

_____ you _____ in Nara?

(2)　((1)に答えて)はい，住んでいます。

Yes, _____ _____ .

3 次の英文を（　）内の指示にしたがって書きかえるとき，＿＿＿に適する語を書きなさい。

(1)　You write a letter. (疑問文に)　　　　　　　　　　　　　　　　［1点×2］

_____ you write a letter?

(2)　((1)にNoで答えて)

No, I _____ .

4 次の日本文に合うように，（　）内の語句を並べかえなさい。［2点×2］

(1)　あなたは夕食後に本を読みますか。

(you / do / a book / read) after dinner?

_____ after dinner?

(2)　あなたはケンをよく知っていますか。

(you / do / Ken / know) well?

_____ well?

今日はここまで！おつかれさま！

解答　別冊 4 ページ

1 次の日本文に合うように，＿＿に適する語句を書きなさい。［1点×2］

(1) あなたはこの机を使いますか。

＿＿＿＿＿＿＿＿＿＿＿＿＿＿＿＿＿ this desk?

(2) あなたは夏に泳ぎますか。

＿＿＿＿＿＿＿＿＿＿＿＿＿＿＿＿＿ in summer?

2 次の英文を（　）内の指示にしたがって書きかえるとき，＿＿に適する語を書きなさい。

(1) You wash your hands before lunch.（疑問文に）　　　　［1点×2］

＿＿＿＿＿＿ you ＿＿＿＿＿＿ your hands before lunch?

(2) （(1)に Yes で答えて）

Yes, ＿＿＿＿＿＿ ＿＿＿＿＿＿.

3 次の（　）内の語句を並べかえなさい。［2点×2］

(1) (the radio / do / listen / you / every / to) day?

＿＿＿＿＿＿＿＿＿＿＿＿＿＿＿＿＿＿＿＿＿＿＿ day?

(2) (English / you / do / well / speak)?

＿＿＿＿＿＿＿＿＿＿＿＿＿＿＿＿＿＿＿＿＿＿＿

4 次の日本文を英語になおしなさい。［1点×2］

(1) あなたは私の祖母を知っていますか。

＿＿＿＿＿＿＿＿＿＿＿＿＿＿＿＿＿＿＿＿＿＿＿

(2) あなたは毎朝，公園で走りますか。

＿＿＿＿＿＿＿＿＿＿＿＿＿＿＿＿＿＿＿＿＿＿＿

「公園で」は場所を表すin ～「～で」を使って in the parkと表すよ。

今日はここまで! おつかれさま!

19

第2章 一般動詞
一般動詞の否定文①

点

/10

解答 別冊4ページ

1 次の英文の（ ）内から適する語句を選び，○で囲みなさい。［1点×2］

(1) I (am not, are not, is not, do not) play the violin.

(2) You (is not, do not, am not, are not) come home at four.

2 次の日本文に合うように，＿＿に適する語を書きなさい。［1点×2］

(1) 私はあの男性を知りません。

I ＿＿＿＿＿＿＿＿ ＿＿＿＿＿＿＿＿ know that man.

(2) あなたは早く起きません。

You ＿＿＿＿＿＿＿＿ ＿＿＿＿＿＿＿＿ get up early.

3 次の英文を否定文に書きかえるとき，＿＿に適する語を書きなさい。［1点×2］

(1) I study French.

I ＿＿＿＿＿＿＿＿ not study French.

(2) You watch TV before dinner.

You do ＿＿＿＿＿＿＿＿ watch TV before dinner.

4 次の日本文に合うように，（ ）内の語句を並べかえなさい。［2点×2］

(1) 私はあなたのペンを使いません。

(not / do / I / your pen / use).

＿＿＿＿＿＿＿＿＿＿＿＿＿＿＿＿＿＿＿＿＿＿＿＿＿＿＿＿＿＿

(2) あなたは野球を練習しません。

(don't / you / baseball / practice).

＿＿＿＿＿＿＿＿＿＿＿＿＿＿＿＿＿＿＿＿＿＿＿＿＿＿＿＿＿＿

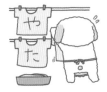

今日はここまで！ おつかれさま！

一般動詞の否定文②

点

／10

解答　別冊5ページ

1 次の日本文に合うように，＿＿に適する語句を書きなさい。［1点×2］

(1) あなたは車を持っていません。

_____ a car.

(2) 私はケーキを作りません。

_____ cakes.

2 次の英文を否定文に書きかえるとき，＿＿に適する語句を書きなさい。［1点×2］

(1) I swim in the river.

I _____ in the river.

(2) You visit Nara with your friends.

You _____ with your friends.

3 次の英文を日本語になおしなさい。［1点×2］

(1) I don't know about your country.

_____

(2) You don't help your teacher after school.

_____

4 次の日本文を英語になおしなさい。［2点×2］

(1) あなたはこの歌を歌いません。

_____

(2) 私は上手におどりません。

_____

今日はここまで！ おつかれさま！

21

canを使った肯定文

解答　別冊5ページ

1 次の英文の（　）内から適する語句を選び，〇で囲みなさい。[1点×2]

(1) I (can play, play can) the piano.

(2) Jane (can write, can) Japanese.

2 次の日本文に合うように，＿＿に適する語を書きなさい。[1点×2]

(1) 私は速く走ることができます。

I ＿＿＿＿＿＿＿ ＿＿＿＿＿＿ fast.

(2) 彼女（かのじょ）はパイを作ることができます。

She ＿＿＿＿＿＿ ＿＿＿＿＿＿ pies.

3 次の日本文に合うように，（　）内の語句を並べかえなさい。[1点×2]

(1) 私は彼（かれ）の町へ歩いて行くことができます。

(walk / I / to / his town / can).

＿＿＿＿＿＿＿＿＿＿＿＿＿＿＿＿＿＿＿＿＿＿

(2) ボブは夕食前にお母さんを手伝うことができます。

(can / Bob / his mother / help) before dinner.

＿＿＿＿＿＿＿＿＿＿＿＿＿＿＿＿ before dinner.

4 次の英文を「～することができる」という文に書きかえなさい。[1点×2]

(1) I go shopping with you on Sunday.

＿＿＿＿＿＿＿＿＿＿＿＿＿＿＿＿＿＿＿＿＿＿

(2) You take beautiful pictures.

＿＿＿＿＿＿＿＿＿＿＿＿＿＿＿＿＿＿＿＿＿＿

5 次の日本文を英語になおしなさい。[1点×2]

(1) 私はあなたと一緒（いっしょ）にテニスをすることができます。

＿＿＿＿＿＿＿＿＿＿＿＿＿＿＿＿＿＿＿＿＿＿

(2) 彼（かれ）はあなたのかばんを運ぶことができます。

＿＿＿＿＿＿＿＿＿＿＿＿＿＿＿＿＿＿＿＿＿＿

今日はここまで！おつかれさま！

解答　別冊5ページ

1　次の英文の（　）内から適する語を選び，○で囲みなさい。［1点×2］

(1)　(Can, Do, Is) your sister dance well? — Yes, she can.

(2)　Can Bob clean the park? — No, he (aren't, don't, can't).

2　次の日本文に合うように，＿＿に適する語を書きなさい。［1点×2］

(1)　彼女_{かのじょ}は今日，図書館に行くことができますか。— はい，できます。

＿＿＿＿＿＿＿＿＿ she go to the library today? — Yes, she ＿＿＿＿＿＿＿.

(2)　私はここでサッカーをすることができますか。— いいえ，できません。

＿＿＿＿＿＿＿＿＿ I play soccer here? — No, you ＿＿＿＿＿＿＿.

3　次の日本文に合うように，（　）内の語句を並べかえなさい。［1点×2］

(1)　コウジは川で泳ぐことができますか。

(in / can / Koji / the river / swim)?

＿＿＿＿＿＿＿＿＿＿＿＿＿＿＿＿＿＿＿＿＿＿＿＿＿＿＿＿＿＿＿＿

(2)　あなたはこの本を読むことができますか。

(read / can / this book / you)?

＿＿＿＿＿＿＿＿＿＿＿＿＿＿＿＿＿＿＿＿＿＿＿＿＿＿＿＿＿＿＿＿

4　次の英文を（　）内の指示にしたがって書きかえなさい。［1点×2］

(1)　Ms. Smith can eat *sashimi*.（疑問文に）

＿＿＿＿＿＿＿＿＿＿＿＿＿＿＿＿＿＿＿＿＿＿＿＿＿＿＿＿＿＿＿＿

(2)　((1)にNoで答えて)

＿＿＿＿＿＿＿＿＿＿＿＿＿＿＿＿＿＿＿＿＿＿＿＿＿＿＿＿＿＿＿＿

5　次の日本文を英語になおしなさい。［1点×2］

(1)　あなたは5時前に帰宅することができますか。

＿＿＿＿＿＿＿＿＿＿＿＿＿＿＿＿＿＿＿＿＿＿＿＿＿＿＿＿＿＿＿＿

(2)　彼_{かれ}は上手にサッカーをすることができますか。

＿＿＿＿＿＿＿＿＿＿＿＿＿＿＿＿＿＿＿＿＿＿＿＿＿＿＿＿＿＿＿＿

今日はここまで！ おつかれさま！

canを使った否定文

月　日　　点　　/10

解答　別冊6ページ

1 次の日本文に合うように，___に適する語を書きなさい。[1点×2]

(1) ポールは野球をすることができません。

Paul _____ play baseball.

(2) 私の息子はコンピュータを使うことができません。

My son _____ _____ a computer.

2 次の英文を否定文に書きかえるとき，___に適する語を書きなさい。[1点×2]

(1) I can write letters in English.

I _____ write letters in English.

(2) My grandmother can go out today.

My grandmother _____ _____ out today.

3 次の日本文に合うように，(　)内の語句を並べかえなさい。[1点×2]

(1) 私の妹はスケートを上手にすることができません。

(skate / my sister / well / cannot).

_____

(2) 私はこれらの歌を歌うことができません。

(sing / I / these songs / cannot).

_____

4 次の日本文を英語になおしなさい。(1)は(　)内の語を使うこと。[2点×2]

(1) 私は11時に駅に着くことができません。(get)

_____

(2) 彼女（かのじょ）は夜，トム(Tom)に電話することができません。

_____

なぞとき　アルファベットの14番目の文字は？

③ _____　　▶▶ p.3の③にあてはめよう

今日はここまで! おつかれさま!

第3章　canの文

許可・依頼を表すcan

点

／10

解答　別冊6ページ

1 次の日本文に合うように，（　）内から適する語を選び，○で囲みなさい。[1 点× 2]

(1) あなたのカップを使ってもいいですか。

　　(Am, Do, Can) I use your cup?

(2) 今夜，私に電話してくれませんか。

　　Can (I, you) call me tonight?

2 次の英文を（　）内の指示にしたがって書きかえるとき，＿＿に適する語を書きなさい。

(1) I can go out.（「～してもいいですか」と許可を求める文に）　　　[1 点× 2]

　　＿＿＿＿＿＿＿＿ ＿＿＿＿＿＿＿＿ go out?

(2) You can go shopping with her.（「～してくれませんか」と依頼する文に）

　　＿＿＿＿＿＿＿＿ ＿＿＿＿＿＿＿＿ go shopping with her?

3 次の日本文に合うように，（　）内の語句を並べかえなさい。[1 点× 2]

(1) あなたはすぐに風呂に入ってもいいです。(a bath / you / take / soon / can).

　　＿＿＿＿＿＿＿＿＿＿＿＿＿＿＿＿＿＿＿＿＿＿＿＿＿＿＿＿＿＿＿＿＿＿

(2) 私に英語を教えてくれませんか。(you / English / teach / can) to me?

　　＿＿＿＿＿＿＿＿＿＿＿＿＿＿＿＿＿＿＿＿＿＿＿＿＿＿ to me?

4 次のようなとき，英語で何と言うか。canを使って書きなさい。[2 点× 2]

(1) 相手に，ドアを閉めるように頼むとき。

　　＿＿＿＿＿＿＿＿＿＿＿＿＿＿＿＿＿＿＿＿＿＿＿＿＿＿＿＿＿＿＿＿＿＿

(2) 相手のラケットを使ってもいいかと許可を求めるとき。

　　＿＿＿＿＿＿＿＿＿＿＿＿＿＿＿＿＿＿＿＿＿＿＿＿＿＿＿＿＿＿＿＿＿＿

(1)は相手に「閉めてくれませんか」と頼んでいるんだね。

今日はここまで！ おつかれさま！

25

解答　別冊6ページ

1 次の英文を「～しなさい」という命令文に書きかえるとき，＿＿に適する語を書きなさい。[1点×2]

(1) You play soccer.　＿＿＿＿＿＿＿ soccer.

(2) You make lunch soon.　＿＿＿＿＿ lunch soon.

2 次の日本文に合うように，＿＿に適する語を書きなさい。[1点×2]

(1) 昼食の前に手を洗いなさい。

＿＿＿＿＿＿＿ your ＿＿＿＿＿＿＿ before lunch.

(2) 歩いて駅に行ってください。

Please ＿＿＿＿＿＿＿ ＿＿＿＿＿＿＿ the station.

3 次の日本文に合うように，（　）内の語を並べかえなさい。[1点×2]

(1) 明日6時に起きなさい。(get / six / at / up) tomorrow.

＿＿＿＿＿＿＿＿＿＿＿＿＿＿＿＿＿＿＿＿＿＿＿ tomorrow.

(2) 私の話をきいてください。(to / listen / please / me).

＿＿＿＿＿＿＿＿＿＿＿＿＿＿＿＿＿＿＿＿＿＿＿＿

4 次の英文を日本語になおしなさい。[1点×2]

(1) Please help me with my homework.

＿＿＿＿＿＿＿＿＿＿＿＿＿＿＿＿＿＿＿＿＿＿＿＿

(2) Come home before five today.

＿＿＿＿＿＿＿＿＿＿＿＿＿＿＿＿＿＿＿＿＿＿＿＿

5 次の日本文を英語になおしなさい。[1点×2]

(1) 夕食の前に英語を勉強しなさい。

＿＿＿＿＿＿＿＿＿＿＿＿＿＿＿＿＿＿＿＿＿＿＿＿

(2) このつくえを運んでください。

＿＿＿＿＿＿＿＿＿＿＿＿＿＿＿＿＿＿＿＿＿＿＿＿

今日はここまで！ おつかれさま！

解答 別冊7ページ

1 次の日本文に合うように，＿＿に適する語を書きなさい。[1 点× 2]

(1) 7時前に学校に来てはいけません。

＿＿＿＿＿＿ ＿＿＿＿＿＿ to school before seven.

(2) ここで立ち止まってはいけません。

＿＿＿＿＿＿ ＿＿＿＿＿＿ here.

2 次の英文をていねいな言い方に書きかえるとき，＿＿に適する語を書きなさい。

(1) Don't walk fast.   [1 点× 2]

＿＿＿＿＿＿ ＿＿＿＿＿＿ walk fast.

(2) Don't build a house here.

＿＿＿＿＿＿ ＿＿＿＿＿＿ a house here, ＿＿＿＿＿＿.

3 次の日本文に合うように，（ ）内の語句を並べかえなさい。[1 点× 2]

(1) 今夜8時にトムを訪ねてはいけません。

(visit / at / Tom / eight / don't) tonight.

＿＿＿＿＿＿＿＿＿＿＿＿＿＿＿＿＿＿＿＿＿ tonight.

(2) 今，私の弟に電話しないでください。

(call / please / my brother / don't) now.

＿＿＿＿＿＿＿＿＿＿＿＿＿＿＿＿＿＿＿＿＿ now.

4 次の日本文を英語になおしなさい。[2 点× 2]

(1) 今日，私の自転車を使ってはいけません。

＿＿＿＿＿＿＿＿＿＿＿＿＿＿＿＿＿＿＿＿＿＿＿＿＿＿＿

(2) 教室では日本語を話してはいけません。

＿＿＿＿＿＿＿＿＿＿＿＿＿＿＿＿＿＿＿＿＿＿＿＿＿＿＿

今日はここまで！ おつかれさま！

Let's 〜. / Be 〜. ①

月　日

点

／10

解答　別冊7ページ

1 次の英文の（　）内から適する語を選び，○で囲みなさい。［1点×2］

(1) （ Let's, Don't ）play soccer. — Yes, let's.

(2) （ Are, Is, Be ）a good boy, Tom.

2 次の日本文に合うように，＿＿に適する語を書きなさい。［1点×2］

(1) 放課後，野球を練習しましょう。

＿＿＿＿＿＿＿＿ ＿＿＿＿＿＿＿＿ baseball after school.

(2) ここでは静かにしなさい。

＿＿＿＿＿＿＿＿ ＿＿＿＿＿＿＿＿ here.

3 次の対話文がなりたつように，＿＿に適する語を書きなさい。［1点×2］

(1) Let's make lunch today.

— Yes, ＿＿＿＿＿＿＿＿.

(2) ＿＿＿＿＿＿＿＿ listen to music in my room.

— No, let's ＿＿＿＿＿＿＿＿.

4 次の英文を日本語になおしなさい。［1点×2］

(1) Let's go to the park. ＿＿＿＿＿＿＿＿＿＿＿＿＿＿＿＿

(2) Be careful. ＿＿＿＿＿＿＿＿＿＿＿＿＿＿＿＿

5 次の日本文に合うように，（　）内の語句を並べかえなさい。［1点×2］

(1) あなたの友達に親切にしなさい。

(kind / your friends / be / to).

＿＿＿＿＿＿＿＿＿＿＿＿＿＿＿＿＿＿＿＿＿＿＿＿＿＿

(2) 人気のある歌手になってください。

(a popular singer / be / please).

＿＿＿＿＿＿＿＿＿＿＿＿＿＿＿＿＿＿＿＿＿＿＿＿＿＿

今日はここまで！ おつかれさま！

第4章 命令文

Let's 〜. / Be 〜. ②

点

/10

解答 別冊7ページ

1 次の日本文に合うように，___に適する語句を書きなさい。[1点×2]

(1) 今度の夏に海で泳ぎましょう。

_____ next summer.

(2) 明日遅<ruby>遅<rt>おく</rt></ruby>れてはいけません。

_____ tomorrow.

2 次の英文を「〜しましょう」という文に書きかえなさい。[1点×2]

(1) We open the windows.

_____

(2) We finish this work soon.

_____

3 次の英文を日本語になおしなさい。[1点×2]

(1) Don't be excited.

_____

(2) Be a good player.

_____

4 次の日本文を英語になおしなさい。[2点×2]

(1) あの店でTシャツを1枚買いましょう。

_____

(2) 私の部屋で英語を勉強しましょう。

_____

今日はここまで! おつかれさま!

29

第5章 単数・複数

a, an

月　日

点

／10

解答　別冊7ページ

1 次の( )内から適する語を選び，○で囲みなさい。[1 点× 2]

(1) (a, an) desk

(2) (a, an) egg

2 次の英文に a を入れるのに適する位置を選び，記号を○で囲みなさい。[1 点× 2]

(1) Is　that　small　cat　?
　　　ア　　イ　　　ウ　　エ

(2) Do　you　want　new　computer　?
　　　ア　　イ　　ウ　　エ　　　　オ

3 次の日本文に合うように，＿＿に適する語を書きなさい。[1 点× 2]

(1) 私は先生ではありません。　I'm not ＿＿＿＿＿＿＿ ＿＿＿＿＿＿＿.

(2) これは古い箱です。　　　　This is ＿＿＿＿＿＿＿ ＿＿＿＿＿＿＿ box.

4 次の英文を( )内の指示にしたがって書きかえなさい。[1 点× 2]

(1) This is a notebook. （下線部を「あなたのノート」という意味に）

＿＿＿＿＿＿＿＿＿＿＿＿＿＿＿＿＿＿＿＿＿＿＿＿＿＿＿＿＿＿＿＿＿

(2) I read a book. （下線部を「おもしろい本」という意味に）

＿＿＿＿＿＿＿＿＿＿＿＿＿＿＿＿＿＿＿＿＿＿＿＿＿＿＿＿＿＿＿＿＿

5 次の日本文を英語になおしなさい。[1 点× 2]

(1) あなたは1台の車を持っていますか。

＿＿＿＿＿＿＿＿＿＿＿＿＿＿＿＿＿＿＿＿＿＿＿＿＿＿＿＿＿＿＿＿＿

(2) これは簡単な本ではありません。

＿＿＿＿＿＿＿＿＿＿＿＿＿＿＿＿＿＿＿＿＿＿＿＿＿＿＿＿＿＿＿＿＿

「簡単な」は easy。e で始まるよ。

今日はここまで！ おつかれさま！

名詞の単数形・複数形

点

月 日 /10

解答 別冊8ページ

1 次の( )内の語を適する形にして，＿＿に書きなさい。[1点×2]

(1) I have three (brother). ＿＿＿＿＿＿＿＿＿＿

(2) Do you have three (dictionary)? ＿＿＿＿＿＿＿＿＿＿

2 次の英文を( )内の指示にしたがって書きかえるとき，＿＿に適する語を書きなさい。

(1) I play with a child. （下線部をfiveに） [1点×2]

I play with ＿＿＿＿＿ ＿＿＿＿＿.

(2) Do you carry a box? （下線部をmanyに）

Do you carry ＿＿＿＿＿ ＿＿＿＿＿?

3 次の日本文に合うように，( )内の語を並べかえなさい。[1点×2]

(1) 私はたくさんの国について知っています。

(know / countries / about / many / I).

＿＿＿＿＿＿＿＿＿＿＿＿＿＿＿＿＿＿＿＿＿＿

(2) あなたは腕時計が2つ必要ですか。

(two / you / do / watches / need)?

＿＿＿＿＿＿＿＿＿＿＿＿＿＿＿＿＿＿＿＿＿＿

4 次の英文を日本語になおしなさい。[1点×2]

(1) Do you see a lot of men?

＿＿＿＿＿＿＿＿＿＿＿＿＿＿＿＿＿＿＿＿＿＿

(2) I have a book and two notebooks in my bag.

＿＿＿＿＿＿＿＿＿＿＿＿＿＿＿＿＿＿＿＿＿＿

5 次の日本文を英語になおしなさい。[1点×2]

(1) あなたは鉛筆を2本と消しゴムを1つほしいのですか。

＿＿＿＿＿＿＿＿＿＿＿＿＿＿＿＿＿＿＿＿＿＿

(2) 私は3つの小さいボールをこの箱の中に持っています。

＿＿＿＿＿＿＿＿＿＿＿＿＿＿＿＿＿＿＿＿＿＿

今日はここまで！ おつかれさま！

第5章　単数・複数
主語が複数形の文①

1 次の英文の（　）内から適する語を選び，○で囲みなさい。[1点×2]

(1) We (am, are, is) good friends.

(2) (Am, Is, Are) Ken and Tom volleyball players?

2 次の日本文に合うように，＿＿に適する語を書きなさい。[1点×2]

(1) 私たちは毎年，京都を訪れます。

＿＿＿＿＿＿＿＿＿＿ ＿＿＿＿＿＿＿＿＿ Kyoto every year.

(2) 彼らはあなたの友達ですか。

＿＿＿＿＿＿＿＿＿ they your ＿＿＿＿＿＿＿＿＿ ?

3 次の英文を（　）内の指示にしたがって書きかえるとき，＿＿に適する語を書きなさい。

(1) I'm very tired. （主語をwe に） [1点×2]

＿＿＿＿＿＿＿＿＿ very tired.

(2) He is a teacher. （主語をthey に）

They ＿＿＿＿＿＿＿＿＿ ＿＿＿＿＿＿＿＿＿ .

4 次の日本文に合うように，（　）内の語を並べかえなさい。[2点×2]

(1) あなたたちはカナダの出身ではありません。

(Canada / not / you're / from).

＿＿＿＿＿＿＿＿＿＿＿＿＿＿＿＿＿＿＿＿＿＿＿＿＿＿＿

(2) 彼らは私のクラスメートではありません。

(aren't / classmates / they / my).

＿＿＿＿＿＿＿＿＿＿＿＿＿＿＿＿＿＿＿＿＿＿＿＿＿＿＿

主語が複数になるとbe動詞も変化するよ！

今日はここまで！ おつかれさま！

主語が複数形の文②

点

／10

解答　別冊9ページ

1 次の英文の答えとして適するものを，ア〜エから選びなさい。[1点×4]

(1) Are you English teachers?　（　　）　ア　Yes, they are.

(2) Do you and Kate use this racket?　（　　）　イ　Yes, we are.

(3) Are your parents from America?　（　　）　ウ　No, they don't.

(4) Do Jim and Cathy study Japanese?　（　　）　エ　No, we don't.

2 次の英文の下線部を適する1語にかえて，全文を書きなさい。[1点×2]

(1) <u>Yumi and I</u> are in the soccer club.

_____

(2) Do <u>you and your brother</u> play video games together?

_____

3 次の英文を日本語になおしなさい。[1点×2]

(1) We aren't baseball players.

_____

(2) Do they go to school with you?

_____

4 次の日本文を英語になおしなさい。[1点×2]

(1) 彼_{かれ}らは毎日，公園で走ります。

_____

(2) 私たちは9月には川で泳ぎません。

_____

なぞとき　アルファベットの19番目の文字は？

④□□□

▶▶ p.3の ④ にあてはめよう

今日はここまで! おつかれさま!

33

解答　別冊9ページ

1 次の英文の（　）内から適する語を選び，○で囲みなさい。［1点×2］

(1) These (am, are, is) dictionaries.

(2) (Are, Am, Is) those your books?

2 次の日本文に合うように，＿＿＿に適する語を書きなさい。［1点×2］

(1) これらは箱です。　　　＿＿＿＿＿＿＿ are boxes.

(2) あれらは電車ですか。　Are ＿＿＿＿＿＿＿ trains?

3 次の英文の下線部を複数形にするとき，＿＿＿に適する語を書きなさい。［1点×2］

(1) This is my guitar.

＿＿＿＿＿＿＿ ＿＿＿＿＿＿＿ my ＿＿＿＿＿＿＿.

(2) Is that John's bag?

＿＿＿＿＿＿＿ ＿＿＿＿＿＿＿ John's ＿＿＿＿＿＿＿?

4 次の日本文に合うように，（　）内の語を並べかえなさい。［1点×2］

(1) あれらは大きなレストランです。

(are / restaurants / those / big).

＿＿＿＿＿＿＿＿＿＿＿＿＿＿＿＿＿＿＿＿＿＿＿＿＿

(2) これらの箱は重くありません。

(aren't / boxes / heavy / these).

＿＿＿＿＿＿＿＿＿＿＿＿＿＿＿＿＿＿＿＿＿＿＿＿＿

5 次のようなとき，英語で何と言うか。＿＿＿に適する語を書きなさい。［1点×2］

(1) 近くにある複数のものをさして，「～です」と言うとき。

＿＿＿＿＿＿＿ ＿＿＿＿＿＿＿ your pens.

(2) 離れたところにある複数のものをさして，「～です」と言うとき。

＿＿＿＿＿＿＿ ＿＿＿＿＿＿＿ my uncle's cars.

今日はここまで！ おつかれさま！

解答　別冊 10 ページ

1 次の対話文がなりたつように，＿＿に適する語を書きなさい。［1点×2］

(1) Are these old?

— Yes, ＿＿＿＿＿＿＿＿＿ ＿＿＿＿＿＿＿＿＿.

(2) ＿＿＿＿＿＿＿＿＿ those players famous?

— No, ＿＿＿＿＿＿＿＿＿ aren't.

2 次の英文の下線部を複数形にして，全文を書きなさい。［1点×2］

(1) This isn't my <u>ball</u>.

＿＿＿＿＿＿＿＿＿＿＿＿＿＿＿＿＿＿＿＿＿＿＿＿＿＿＿＿＿

(2) Is that your <u>sister</u>?

＿＿＿＿＿＿＿＿＿＿＿＿＿＿＿＿＿＿＿＿＿＿＿＿＿＿＿＿＿

3 次の英文を日本語になおしなさい。［1点×2］

(1) Those are Mr. Green's daughters.

＿＿＿＿＿＿＿＿＿＿＿＿＿＿＿＿＿＿＿＿＿＿＿＿＿＿＿＿＿

(2) These pens are sometimes in my bag.

＿＿＿＿＿＿＿＿＿＿＿＿＿＿＿＿＿＿＿＿＿＿＿＿＿＿＿＿＿

4 次の日本文を英語になおしなさい。［2点×2］

(1) これらは私の父のCDです。

＿＿＿＿＿＿＿＿＿＿＿＿＿＿＿＿＿＿＿＿＿＿＿＿＿＿＿＿＿

(2) あれらは小さなイヌですか。 — いいえ，ちがいます。それらはネコです。

＿＿＿＿＿＿＿＿＿＿＿＿＿＿＿＿＿＿＿＿＿＿＿＿＿＿＿＿＿

— ＿＿＿＿＿＿＿＿＿＿＿＿＿＿＿＿＿＿＿＿＿＿＿＿＿＿＿

今日はここまで！ おつかれさま！

35

解答　別冊 10 ページ

1 次の英文の（　）内から適する語を選び，○で囲みなさい。[1 点× 2]

(1) I have some (book, books) in my bag.

(2) We don't want (some, any) video games.

2 次の日本文に合うように，＿＿に適する語を書きなさい。[1 点× 2]

(1) 私たちはCDを何枚かききます。

We listen to ＿＿＿＿＿＿＿ CDs.

(2) あなたには何人かお兄さんがいますか。

Do you have ＿＿＿＿＿＿＿ brothers?

3 次の英文に合うように，＿＿に適する日本語を書きなさい。[1 点× 2]

(1) I want some water.

私は＿＿＿＿＿＿＿＿＿＿＿＿ほしいです。

(2) Do you have any dogs in your house?

あなたは＿＿＿＿＿＿＿＿＿＿＿＿＿＿＿＿＿。

4 次の日本文に合うように，（　）内の語句を並べかえなさい。[2 点× 2]

(1) 何人かの生徒たちが体育館にいます。

(are / students / the gym / some / in).

＿＿＿＿＿＿＿＿＿＿＿＿＿＿＿＿＿＿＿＿

(2) 彼らは 1 本も鉛筆を使いません。

(use / they / pencils / don't / any).

＿＿＿＿＿＿＿＿＿＿＿＿＿＿＿＿＿＿＿＿

今日はここまで！ おつかれさま！

解答　別冊 10 ページ

1 次の日本文に合うように，＿＿に適する語句を書きなさい。[1 点 × 2]

(1) 彼らは公園で何枚かの写真をとります。

They take ＿＿＿＿＿＿＿＿＿＿＿＿＿ in the park.

(2) 私は今，ペンを 1 本も持っていません。

I ＿＿＿＿＿＿＿＿＿＿＿＿＿ pens now.

2 次の英文を（　）内の指示にしたがって書きかえなさい。[1 点 × 2]

(1) I have no time. （any を使って，ほぼ同じ内容の文に）

＿＿＿＿＿＿＿＿＿＿＿＿＿＿＿＿＿＿＿＿＿＿＿＿＿＿

(2) We make some cakes. （「1 つも〜しない」という否定文に）

＿＿＿＿＿＿＿＿＿＿＿＿＿＿＿＿＿＿＿＿＿＿＿＿＿＿

3 次の英文を日本語になおしなさい。[1 点 × 2]

(1) My parents don't have any coffee.

＿＿＿＿＿＿＿＿＿＿＿＿＿＿＿＿＿＿＿＿＿＿＿＿＿＿

(2) Do you buy any shirts at that shop?

＿＿＿＿＿＿＿＿＿＿＿＿＿＿＿＿＿＿＿＿＿＿＿＿＿＿

4 次の日本文を英語になおしなさい。[2 点 × 2]

(1) 私はロンドンに友達が何人かいます。

＿＿＿＿＿＿＿＿＿＿＿＿＿＿＿＿＿＿＿＿＿＿＿＿＿＿

(2) 彼らは本を 1 冊も読みません。

＿＿＿＿＿＿＿＿＿＿＿＿＿＿＿＿＿＿＿＿＿＿＿＿＿＿

今日はここまで！ おつかれさま！

解答　別冊 11 ページ

1 次の英文の（　）内から適する語を選び，○で囲みなさい。［1点×2］

(1) He (like, likes) baseball.

(2) Beth (play, plays) the piano.

2 次の日本文に合うように，___に適する語を書きなさい。［1点×2］

(1) 彼は私に電話をします。

He _____ me.

(2) ポールとケイトは日本語を話します。

Paul and Kate _____ Japanese.

3 次の英文の___に，（　）内の語を適する形にかえて書きなさい。［1点×2］

(1) She _____ tennis hard every day. (practice)

(2) Mr. Jones _____ Nara in March. (visit)

4 次の日本文に合うように，（　）内の語句を並べかえなさい。［2点×2］

(1) 彼女は私の両親を知っています。

(she / my parents / knows).

_____

(2) ボブは7時に家を出ます。

(home / Bob / seven / leaves / at).

_____

heやsheなどの三人称単数が主語の現在の文は，
一般動詞にsやesがつくんだね。

今日はここまで！おつかれさま！

三人称単数の肯定文②

月　日

点

/10

解答　別冊11ページ

1 次の日本文に合うように，＿＿に適する語句を書きなさい。[1点×2]

(1) 彼（かれ）は日本の食べ物をよく知っています。

He _____ well.

(2) 彼女（かのじょ）はときどき台所（だいどころ）を掃除（そうじ）します。

She _____ the kitchen.

2 次の英文を（　）内の指示にしたがって書きかえなさい。[1点×2]

(1) I read a book at night.（主語をmy motherに）

_____

(2) Tom has some CDs.（主語をTom and Mikeに）

_____

3 次の英文を日本語になおしなさい。[1点×2]

(1) My aunt teaches math to her daughter on Sunday.

_____

(2) He plays the violin with his friends.

_____

4 次の日本文を英語になおしなさい。[2点×2]

(1) 彼女はロンドンで働いています。

_____

(2) 彼は自分の息子と一緒（いっしょ）に公園に行きます。

_____

今日はここまで！おつかれさま！

39

解答 別冊 11 ページ

1 次の英文の( )内から適する語を選び，○で囲みなさい。[1 点× 2]

(1) (Is, Do, Does) he want a car?

(2) Does Ms. Green (dance, dances) well?

2 次の日本文に合うように，＿＿に適する語を書きなさい。[1 点× 2]

(1) 彼女は音楽をききますか。— はい，ききます。

＿＿＿＿＿＿＿ she listen to music? — Yes, she ＿＿＿＿＿＿.

(2) ケンはテニスを練習しますか。— いいえ，練習しません。

＿＿＿＿＿＿＿ Ken practice tennis? — No, he ＿＿＿＿＿＿ not.

3 次の英文を( )内の指示にしたがって書きかえるとき，＿＿に適する語を書きなさい。

(1) Her father washes his car on Saturday. （疑問文に）　　　　[1 点× 2]

＿＿＿＿＿＿＿ her father ＿＿＿＿＿＿＿ his car on Saturday?

(2) ((1)にYesで答えて)

Yes, ＿＿＿＿＿＿＿ ＿＿＿＿＿＿＿.

4 次の日本文に合うように，( )内の語句を並べかえなさい。[1 点× 2]

(1) 彼女は速く走りますか。(run / does / fast / she)?

＿＿＿＿＿＿＿＿＿＿＿＿＿＿＿＿＿＿＿＿＿＿＿＿＿＿＿

(2) あなたのイヌは川で泳ぎますか。

(swim / the river / does / in / your dog)?

＿＿＿＿＿＿＿＿＿＿＿＿＿＿＿＿＿＿＿＿＿＿＿＿＿＿＿

5 次の日本文を英語になおしなさい。[1 点× 2]

(1) あなたのおばあさんは駅の近くに住んでいますか。

＿＿＿＿＿＿＿＿＿＿＿＿＿＿＿＿＿＿＿＿＿＿＿＿＿＿＿

(2) ((1)に答えて)いいえ，住んでいません。

＿＿＿＿＿＿＿＿＿＿＿＿＿＿＿＿＿＿＿＿＿＿＿＿＿＿＿

今日はここまで！ おつかれさま！

解答　別冊 11 ページ

1 次の英文の（　）内から適する語句を選び，〇で囲みなさい。［ 1 点 × 2 ］

(1) He (is not, do not, does not) like *sushi*.

(2) Kate does not (come, comes) here in the afternoon.

2 次の日本文に合うように，＿＿に適する語を書きなさい。［ 1 点 × 2 ］

(1) 彼女は中国語を勉強しません。　She ＿＿＿＿＿＿＿ not study Chinese.

(2) ユリは歩いて公園に行きません。Yuri ＿＿＿＿＿＿＿ walk to the park.

3 次の英文を否定文に書きかえるとき，＿＿に適する語を書きなさい。［ 1 点 × 2 ］

(1) He helps his mother after dinner.

He ＿＿＿＿＿＿＿ not ＿＿＿＿＿＿＿ his mother after dinner.

(2) My grandfather visits Hokkaido in summer.

My grandfather ＿＿＿＿＿＿＿ ＿＿＿＿＿＿＿ Hokkaido in summer.

4 次の日本文に合うように，（　）内の語句を並べかえなさい。［ 1 点 × 2 ］

(1) この子どもはケンを知りません。

(Ken / this child / know / not / does).

＿＿＿＿＿＿＿＿＿＿＿＿＿＿＿＿＿＿＿＿＿＿＿＿＿＿＿＿＿＿＿

(2) 私の母はコーヒーを飲みません。

(doesn't / my mother / coffee / drink).

＿＿＿＿＿＿＿＿＿＿＿＿＿＿＿＿＿＿＿＿＿＿＿＿＿＿＿＿＿＿＿

5 次の日本文を英語になおしなさい。［ 1 点 × 2 ］

(1) ジョン（John）は教室でギターをひきません。

＿＿＿＿＿＿＿＿＿＿＿＿＿＿＿＿＿＿＿＿＿＿＿＿＿＿＿＿＿＿＿

(2) 彼女は上手に歌を歌いません。

＿＿＿＿＿＿＿＿＿＿＿＿＿＿＿＿＿＿＿＿＿＿＿＿＿＿＿＿＿＿＿

今日はここまで！ おつかれさま！

解答　別冊 12 ページ

1 次の英文の（　）内から適する語を選び，○で囲みなさい。[1 点 × 2]

(1) Do you make bags?

— Yes, (I, my, me) do.

(2) My father is a doctor.　(He, His, Him) is very busy.

2 次の日本文に合うように，＿＿に適する語を書きなさい。[1 点 × 2]

(1) 彼女は和歌山の出身です。

＿＿＿＿＿＿＿＿ is from Wakayama.

(2) あなたのお父さんは音楽が好きですか。— はい，好きです。

Does your father like music? — Yes, ＿＿＿＿＿＿ does.

3 次の英文を（　）内の指示にしたがって書きかえるとき，＿＿に適する語を書きなさい。

(1) I'm not a science teacher.（下線部を複数形に）　　　　　　　[1 点 × 2]

＿＿＿＿＿＿＿ ＿＿＿＿＿＿＿ not science ＿＿＿＿＿＿.

(2) He's Mr. Smith's child.（主語を they に）

＿＿＿＿＿＿＿ Mr. Smith's ＿＿＿＿＿＿.

4 次の英文の下線部を1語の代名詞にかえて，全文を書きなさい。[2 点 × 2]

(1) You and your sister are very good tennis players.

＿＿＿＿＿＿＿＿＿＿＿＿＿＿＿＿＿＿＿＿＿＿＿＿＿＿

(2) Ms. Nakata comes to school by bus.

＿＿＿＿＿＿＿＿＿＿＿＿＿＿＿＿＿＿＿＿＿＿＿＿＿＿

we は I を含んだ複数の人を表し，

they は I, you 以外の複数の人，ものを表すね。

なぞとき

「魚」は英語で何？

|　|　|　|　| ⑤

▶▶ p.3 の ⑤ にあてはめよう

今日はここまで！ おつかれさま！

解答　別冊 12 ページ

1 次の日本文に合うように，＿＿＿に適する語を書きなさい。［1点×2］

(1) あれはあなたたちの家ですか。

Is that ＿＿＿＿＿＿＿＿ house?

(2) 私たちのボールを探してください。

Please look for ＿＿＿＿＿＿＿ ball.

2 次の日本文に合うように，（　）内の語を並べかえなさい。［1点×2］

(1) 彼_{かれ}らはいつも自分たちの両親を手伝います。

(parents / help / always / they / their).

＿＿＿＿＿＿＿＿＿＿＿＿＿＿＿＿＿＿＿＿＿＿＿＿＿＿

(2) 私はケイトと彼女_{かのじょ}のお姉さんと一緒_{いっしょ}に買い物に行きます。

(shopping / I / her / with / sister / go / Kate / and).

＿＿＿＿＿＿＿＿＿＿＿＿＿＿＿＿＿＿＿＿＿＿＿＿＿＿

3 次の英文を日本語になおしなさい。［1点×2］

(1) We don't know his address.

＿＿＿＿＿＿＿＿＿＿＿＿＿＿＿＿＿＿＿＿＿＿＿＿＿＿

(2) Our math teacher is Beth's father.

＿＿＿＿＿＿＿＿＿＿＿＿＿＿＿＿＿＿＿＿＿＿＿＿＿＿

4 次の日本文を英語になおしなさい。［2点×2］

(1) 私はときどき彼女のラケットを使います。

＿＿＿＿＿＿＿＿＿＿＿＿＿＿＿＿＿＿＿＿＿＿＿＿＿＿

(2) あなたたちは彼の趣味_{しゅみ}を知っていますか。

＿＿＿＿＿＿＿＿＿＿＿＿＿＿＿＿＿＿＿＿＿＿＿＿＿＿

今日はここまで！ おつかれさま！

解答　別冊 12 ページ

1 次の英文の（　）内から適する語を選び，○で囲みなさい。［1点×2］

(1) Do you know (he, his, him)?

(2) I make lunch for (they, their, them).

2 次の日本文に合うように，＿＿に適する語を書きなさい。［1点×2］

(1) 彼らは私たちに親切です。

They are kind to ＿＿＿＿＿＿＿.

(2) どうか，すぐに彼女を助けてください。

Please help ＿＿＿＿＿＿＿ soon.

3 次の日本文に合うように，（　）内の語を並べかえなさい。［1点×2］

(1) アンは彼と私をよく知っています。(and / me / knows / Ann / him / well).

＿＿＿＿＿＿＿＿＿＿＿＿＿＿＿＿＿＿＿＿＿＿＿＿＿

(2) この本はあなたたちには難しいです。(difficult / book / you / for / this / is).

＿＿＿＿＿＿＿＿＿＿＿＿＿＿＿＿＿＿＿＿＿＿＿＿＿

4 次の英文を（　）内の指示にしたがって書きかえなさい。［1点×2］

(1) I visit Kyoto with Miki and her mother. （下線部を1語の代名詞に）

＿＿＿＿＿＿＿＿＿＿＿＿＿＿＿＿＿＿＿＿＿＿＿＿＿

(2) I receive a letter from my aunt. （下線部をそれぞれ1語の代名詞に）

＿＿＿＿＿＿＿＿＿＿＿＿＿＿＿＿＿＿＿＿＿＿＿＿＿

5 次の日本文を英語になおしなさい。［1点×2］

(1) 彼らと野球を練習しなさい。

＿＿＿＿＿＿＿＿＿＿＿＿＿＿＿＿＿＿＿＿＿＿＿＿＿

(2) 私はよく彼に電話しますが，彼女には電話しません。

＿＿＿＿＿＿＿＿＿＿＿＿＿＿＿＿＿＿＿＿＿＿＿＿＿

今日はここまで！ おつかれさま！

所有代名詞

解答　別冊 13 ページ

1 次の英文の＿＿に，（　）内の語を適する形にかえて書きなさい。［ 1 点 × 2 ］

(1) This cap is ＿＿＿＿＿＿＿＿＿. （ I ）

(2) Are these pens ＿＿＿＿＿＿＿＿＿? （ you ）

2 次の日本文に合うように，＿＿に適する語を書きなさい。［ 1 点 × 2 ］

(1) あの大きな家は彼のものです。

That big house is ＿＿＿＿＿＿＿＿＿.

(2) これらのかばんは彼女のものです。

These bags are ＿＿＿＿＿＿＿＿＿.

3 次の日本文に合うように，（　）内の語を並べかえなさい。［ 1 点 × 2 ］

(1) あの古いピアノは彼女のものですか。

(piano / is / that / hers / old)?

＿＿＿＿＿＿＿＿＿＿＿＿＿＿＿＿＿＿＿＿＿＿＿＿＿＿＿＿

(2) このコンピュータは私のものではありません。

(isn't / computer / this / mine).

＿＿＿＿＿＿＿＿＿＿＿＿＿＿＿＿＿＿＿＿＿＿＿＿＿＿＿＿

4 次の日本文を英語になおしなさい。［ 2 点 × 2 ］

(1) あれらのかさは私たちのものです。

＿＿＿＿＿＿＿＿＿＿＿＿＿＿＿＿＿＿＿＿＿＿＿＿＿＿＿＿

(2) これらの本はあなたたちのものですか。

＿＿＿＿＿＿＿＿＿＿＿＿＿＿＿＿＿＿＿＿＿＿＿＿＿＿＿＿

(1)は「私たちのもの」を表す ours，(2)は「あなた（たち）のもの」を表す yours を使おう。

今日はここまで！ おつかれさま！

解答　別冊 13 ページ

1 次の英文の（　）内から適する語を選び，○で囲みなさい。［1点×2］

(1) What (am, are, is) this?

(2) ((1)に答えて) (That, It, They) is a cat.

2 次の日本文に合うように，＿＿に適する語を書きなさい。［1点×2］

(1) あれは何ですか。— それは駅です。

_____ is that? — _____ is a station.

(2) あなたは何のスポーツをしますか。— 私は野球をします。

_____ sport do you play? — I _____ baseball.

3 次の日本文に合うように，（　）内の語を並べかえなさい。［1点×2］

(1) あなたは何の動物を飼っていますか。

(have / what / you / do / animal)?

_____

(2) 彼_{かれ}らは夏に何をしますか。

(they / what / do / summer / do / in)?

_____

4 次の英文の下線部をたずねる疑問文になるように，＿＿に適する語を書きなさい。

(1) That's a <u>koala</u>.　　　　　　　　　　　　　　　　　　［1点×2］

_____ that?

(2) They <u>climb the mountain</u> in summer vacation.

_____ _____ they do in summer vacation?

5 次の日本文を英語になおしなさい。［1点×2］

(1) あなたは何の色が好きですか。

_____

(2) ((1)に答えて)私は赤が好きです。

_____

今日はここまで！ おつかれさま！

解答　別冊 13 ページ

1 次の英文の答えとして適するものを，ア〜ウから選びなさい。［1点×2］

(1) What time is it?

　　― ア　Yes, it is.　　イ　Three is.　　　ウ　It's three.

(2) What day of the week is it today?

　　― ア　Yes, it is.　　イ　It's Monday.　　ウ　It's May.

2 次の日本文に合うように，＿＿に適する語を書きなさい。［1点×2］

(1) ロンドンでは，何時ですか。― 9時です。

　　＿＿＿＿＿＿ time is ＿＿＿＿＿＿ in London? ― ＿＿＿＿＿＿ nine.

(2) 今日は何日ですか。― 2月10日です。

　　＿＿＿＿＿＿ the date today? ― ＿＿＿＿＿＿ February 10.

3 次の英文の下線部をたずねる疑問文になるように，＿＿に適する語を書きなさい。

(1) They come to school at eight.　　　　　　　　　　　　　［1点×2］

　　What ＿＿＿＿＿＿＿ ＿＿＿＿＿＿＿ they come to school?

(2) It's Tuesday today.

　　＿＿＿＿＿＿＿ day of the week is ＿＿＿＿＿＿＿ today?

4 次の日本文に合うように，（　）内の語句を並べかえなさい。［1点×2］

(1) あなたは毎日，何時に家を出ますか。

　　(you / do / day / what / leave / every / time / home)?

　　＿＿＿＿＿＿＿＿＿＿＿＿＿＿＿＿＿＿＿＿＿＿＿＿＿＿＿＿＿＿＿

(2) 今日は何曜日ですか。(it / day / what / of / is / today / the week)?

　　＿＿＿＿＿＿＿＿＿＿＿＿＿＿＿＿＿＿＿＿＿＿＿＿＿＿＿＿＿＿＿

5 次の日本文を英語になおしなさい。［1点×2］

(1) あなたの国では，何時ですか。

　　＿＿＿＿＿＿＿＿＿＿＿＿＿＿＿＿＿＿＿＿＿＿＿＿＿＿＿＿＿＿＿

(2) あなたたちは何時に昼食を食べますか。

　　＿＿＿＿＿＿＿＿＿＿＿＿＿＿＿＿＿＿＿＿＿＿＿＿＿＿＿＿＿＿＿

今日はここまで! おつかれさま!

解答　別冊 14 ページ

1 次の英文の（　）内から適する語を選び，○で囲みなさい。[1点× 2]

(1) (What, Who) is that boy? — He's my brother.

(2) Who are those girls? — (Those, They) are my friends.

2 次の日本文に合うように，＿＿に適する語を書きなさい。[1点× 2]

(1) あの少女はだれですか。— 彼女(かのじょ)はアンです。

＿＿＿＿＿＿＿＿ is that girl? — ＿＿＿＿＿＿＿＿ is Ann.

(2) だれが具合が悪いのですか。— ミカです。

＿＿＿＿＿＿＿＿ is sick? — Mika ＿＿＿＿＿＿＿＿.

3 次の日本文に合うように，（　）内の語を並べかえなさい。[1点× 2]

(1) あなたの仲のよい友達はだれですか。(friend / your / who's / good)?

＿＿＿＿＿＿＿＿＿＿＿＿＿＿＿＿＿＿＿＿＿＿＿＿＿＿＿

(2) あの若い男性はだれですか。(young / who / that / man / is)?

＿＿＿＿＿＿＿＿＿＿＿＿＿＿＿＿＿＿＿＿＿＿＿＿＿＿＿

4 次の英文の下線部をたずねる疑問文になるように，＿＿に適する語を書きなさい。

(1) <u>Ms. Green</u> plays the piano well.

[1点× 2]

＿＿＿＿＿＿＿＿ plays the piano well?

(2) That is <u>Tom Brown</u>.

＿＿＿＿＿＿＿＿ that?

5 次の日本文を英語になおしなさい。[1点× 2]

(1) だれが彼の名前を知っていますか。

＿＿＿＿＿＿＿＿＿＿＿＿＿＿＿＿＿＿＿＿＿＿＿＿＿＿＿

(2) あの背の高い少年たちはだれですか。

＿＿＿＿＿＿＿＿＿＿＿＿＿＿＿＿＿＿＿＿＿＿＿＿＿＿＿

なぞとき

「図書館」は英語で何？

＿＿＿＿＿⑥＿

▶▶ p.3 の ⑥ にあてはめよう

今日はここまで！ おつかれさま！

解答 別冊 14 ページ

1 次の英文の( )内から適する語を選び，○で囲みなさい。[1点×2]

(1) (What, Who, Where) is my cap? — It's on the table.

(2) (What, Where, How) do you play the guitar? — In my room.

2 次の日本文に合うように，＿＿に適する語を書きなさい。[1点×2]

(1) あなたのかさはどこにありますか。— ドアのそばです。

＿＿＿＿＿＿＿ ＿＿＿＿＿＿ your umbrella? — ＿＿＿＿＿＿ the door.

(2) 彼はどこでバスケットボールをしますか。— 体育館です。

＿＿＿＿＿＿ does he play basketball? — ＿＿＿＿＿ the gym.

3 次の英文の下線部をたずねる疑問文になるように，＿＿に適する語を書きなさい。

(1) His ball is in <u>the box</u>. [1点×2]

＿＿＿＿＿＿＿ is his ball?

(2) Kenji talks with her <u>in the park</u>.

＿＿＿＿＿＿＿ ＿＿＿＿＿＿＿ Kenji talk with her?

4 次の日本文に合うように，( )内の語を並べかえなさい。[1点×2]

(1) あなたは冬に，どこに滞在しますか。(stay / where / you / winter / in / do)?

＿＿＿＿＿＿＿＿＿＿＿＿＿＿＿＿＿＿＿＿＿＿＿

(2) 私たちの自転車はどこですか。(are / where / bikes / our)?

＿＿＿＿＿＿＿＿＿＿＿＿＿＿＿＿＿＿＿＿＿＿＿

5 次の日本文を英語になおしなさい。[1点×2]

(1) あなたのおばさんはどこに住んでいますか。

＿＿＿＿＿＿＿＿＿＿＿＿＿＿＿＿＿＿＿＿＿＿＿

(2) ((1)に答えて)彼女は博物館(museum)の近くに住んでいます。

＿＿＿＿＿＿＿＿＿＿＿＿＿＿＿＿＿＿＿＿＿＿＿

今日はここまで！ おつかれさま！

解答　別冊14ページ

1 次の英文の( )内から適する語を選び，○で囲みなさい。[1点× 2]

(1) (What, When, Where) is the festival of your town? — On September 2.

(2) (Who, How, When) do you study? — Before dinner.

2 次の日本文に合うように，＿＿に適する語を書きなさい。[1点× 2]

(1) あなたのお兄さんはいつ走りますか。— 朝食の前です。

＿＿＿＿＿＿＿ ＿＿＿＿＿＿＿ your brother run? — Before breakfast.

(2) 私たちの会議はいつですか。— 次の月曜日です。

＿＿＿＿＿＿＿ is our meeting? — Next Monday.

3 次の英文の下線部をたずねる疑問文になるように，＿＿に適する語を書きなさい。

(1) Tom's birthday is August 5.　　　　　　　　　　　　　　　[1点× 2]

＿＿＿＿＿＿＿ ＿＿＿＿＿＿＿ Tom's birthday?

(2) Yuki visits Osaka in June.

＿＿＿＿＿＿＿ ＿＿＿＿＿＿＿ Yuki visit Osaka?

4 次の日本文に合うように，( )内の語句を並べかえなさい。[1点× 2]

(1) あなたはいつ宿題をしますか。

(you / when / your homework / do / do)?

＿＿＿＿＿＿＿＿＿＿＿＿＿＿＿＿＿＿＿＿＿＿＿＿＿＿＿

(2) 彼<ruby>彼<rt>かれ</rt></ruby>はいつ東京に来ますか。

(does / to / Tokyo / he / when / come)?

＿＿＿＿＿＿＿＿＿＿＿＿＿＿＿＿＿＿＿＿＿＿＿＿＿＿＿

5 次の日本文を英語になおしなさい。[1点× 2]

(1) あなたはいつ家を出ますか。

＿＿＿＿＿＿＿＿＿＿＿＿＿＿＿＿＿＿＿＿＿＿＿＿＿＿＿

(2) ((1)に答えて)私はたいてい8時前に家を出ます。

＿＿＿＿＿＿＿＿＿＿＿＿＿＿＿＿＿＿＿＿＿＿＿＿＿＿＿

今日はここまで! おつかれさま!

whose

解答　別冊 15 ページ

1　次の英文の（　）内から適する語を選び，○で囲みなさい。［1点×2］

(1)　(What, Who, Whose) is that car? ― It's my father's.

(2)　Whose book is this? ― It's (my, your, mine).

2　次の日本文に合うように，＿＿に適する語を書きなさい。［1点×2］

(1)　これらはだれの写真ですか。― 彼_{かれ}のお母さんのものです。

　　＿＿＿＿＿＿＿ pictures ＿＿＿＿＿＿＿ these? ― His ＿＿＿＿＿＿.

(2)　あのコンピュータはだれのものですか。― ケンのものです。

　　＿＿＿＿＿＿ ＿＿＿＿＿＿ that computer? ― ＿＿＿＿＿＿.

3　次の英文の下線部をたずねる疑問文になるように，＿＿に適する語を書きなさい。

(1)　This is my CD.　　　　　　　　　　　　　　　　　　　　［1点×2］

　　＿＿＿＿＿＿＿ CD ＿＿＿＿＿＿＿ this?

(2)　Those rackets are hers.

　　＿＿＿＿＿＿＿ ＿＿＿＿＿＿＿ those rackets?

4　次の日本文に合うように，（　）内の語を並べかえなさい。［1点×2］

(1)　あれらはだれの帽子_{ぼうし}ですか。

　　(caps / those / whose / are)?

　　＿＿＿＿＿＿＿＿＿＿＿＿＿＿＿＿＿＿＿＿＿＿＿＿＿＿＿

(2)　あの古い車はだれのものですか。

　　(is / car / whose / old / that)?

　　＿＿＿＿＿＿＿＿＿＿＿＿＿＿＿＿＿＿＿＿＿＿＿＿＿＿＿

5　次の日本文を英語になおしなさい。［1点×2］

(1)　あれらはだれのシャツですか。― トム(Tom)のお兄さんのものです。

　　＿＿＿＿＿＿＿＿＿＿＿＿＿ ― ＿＿＿＿＿＿＿＿＿＿＿＿＿

(2)　このノートはだれのものですか。― 私のものです。

　　＿＿＿＿＿＿＿＿＿＿＿＿＿ ― ＿＿＿＿＿＿＿＿＿＿＿＿＿

今日はここまで！ おつかれさま！

47 第8章 疑問詞
which

月　日

点

/10

解答　別冊 15 ページ

1 次の英文の（　）内から適する語を選び，○で囲みなさい。[1 点× 2]

(1) (Who, Where, Which) is your cup? — That one is mine.

(2) (Where, Which, Whose) book do you want? — I want this one.

2 次の日本文に合うように， ＿＿に適する語を書きなさい。[1 点× 2]

(1) どのいすが私のものですか。— こちらのものです。

＿＿＿＿＿＿＿ ＿＿＿＿＿＿ is mine? — This one ＿＿＿＿＿＿.

(2) あなたは赤と青ではどちらが好きですか。— 私は青が好きです。

＿＿＿＿＿＿ do you like, red or blue? — I ＿＿＿＿＿＿ blue.

3 次の日本文に合うように，（　）内の語句を並べかえなさい。[1 点× 2]

(1) あなたは夕食後，どの本を読みますか。

(you / which / do / read / book) after dinner?

＿＿＿＿＿＿＿＿＿＿＿＿＿＿＿＿＿＿＿＿＿ after dinner?

(2) この机とあの机のどちらが彼のものですか。

(this desk / is / his, / which) or that one?

＿＿＿＿＿＿＿＿＿＿＿＿＿＿＿＿＿＿＿＿＿ or that one?

4 次の日本文を英語になおしなさい。[2 点× 2]

(1) あなたはどちらの映画が好きですか。

＿＿＿＿＿＿＿＿＿＿＿＿＿＿＿＿＿＿＿＿＿＿＿＿

(2) どれがあなたの新しい自転車ですか。

＿＿＿＿＿＿＿＿＿＿＿＿＿＿＿＿＿＿＿＿＿＿＿＿

whichは，いくつかのものから選ぶときに使うんだね。

今日はここまで！ おつかれさま！

解答　別冊 15 ページ

1 次の英文の（　）内から適する語を選び，○で囲みなさい。［1点×2］

(1) (What, How, When) do you go to school? — I walk there.

(2) (Who, Where, How) are you today? — I'm fine.

2 次の日本文に合うように，＿＿に適する語を書きなさい。［1点×2］

(1) あなたはどうやって病院へ行きますか。— 電車で行きます。

　　＿＿＿＿＿＿＿＿＿ do you go to the hospital? — ＿＿＿＿＿＿＿＿＿ train.

(2) 今日の天気はどうですか。— 雨です。

　　＿＿＿＿＿＿＿＿＿ is the weather today? — ＿＿＿＿＿＿＿＿＿ rainy.

3 次の日本文に合うように，（　）内の語句を並べかえなさい。［1点×2］

(1) ジョンはどうやって日本語を学びますか。

(does / how / John / Japanese / learn)?

＿＿＿＿＿＿＿＿＿＿＿＿＿＿＿＿＿＿＿＿＿＿＿＿＿＿＿＿＿

(2) あなたのお父さんとお母さんはお元気ですか。

(father / are / and mother / how / your)?

＿＿＿＿＿＿＿＿＿＿＿＿＿＿＿＿＿＿＿＿＿＿＿＿＿＿＿＿＿

4 次の英文の下線部をたずねる疑問文を書きなさい。［1点×2］

(1) His uncle goes to Osaka by car.

＿＿＿＿＿＿＿＿＿＿＿＿＿＿＿＿＿＿＿＿＿＿＿＿＿＿＿＿＿

(2) The movie is interesting.

＿＿＿＿＿＿＿＿＿＿＿＿＿＿＿＿＿＿＿＿＿＿＿＿＿＿＿＿＿

5 次の日本文を英語になおしなさい。［1点×2］

(1) あなたはどうやってバスケットボールを練習しますか。

＿＿＿＿＿＿＿＿＿＿＿＿＿＿＿＿＿＿＿＿＿＿＿＿＿＿＿＿＿

(2) 彼_{かれ}の英語の授業はどうですか。

＿＿＿＿＿＿＿＿＿＿＿＿＿＿＿＿＿＿＿＿＿＿＿＿＿＿＿＿＿

今日はここまで! おつかれさま!

解答　別冊 16 ページ

1 次の英文の答えとして適するものを，ア〜ウから選びなさい。[1 点× 2]

(1) How many birds do you see?

　　— ア　No, I don't.　　　　イ　I see three.　　　ウ　Three birds are.

(2) How much is this?

　　— ア　It's two dollars.　　　イ　I have two.　　　ウ　Two dollars are.

2 次の日本文に合うように，＿＿に適する語を書きなさい。[1 点× 2]

(1) あなたはスーツケースをいくつ運びますか。

_____ many suitcases do you _____ ?

(2) 彼らはそのパイにリンゴをいくつ使いますか。

How _____ _____ do they use for the pie?

3 次の英文の下線部をたずねる疑問文になるように，＿＿に適する語を書きなさい。

(1) Yumi's bag is one thousand yen. 　　　　　　　　　　[1 点× 2]

_____ _____ is Yumi's bag?

(2) You see about ten stars in the sky.

_____ many _____ do you see in the sky?

4 次の日本文に合うように，（　）内の語を並べかえなさい。[1 点× 2]

(1) あなたは動物を何匹飼っていますか。

(animals / how / have / many / you / do)?

_____

(2) あの青い帽子はいくらですか。

(blue / how / that / is / hat / much)?

_____

5 次の日本文を英語になおしなさい。[1 点× 2]

(1) あなたの新しいカメラはいくらですか。

_____

(2) あの男性たちはかばんをいくつ持っていますか。

_____

今日はここまで！おつかれさま！

解答　別冊 16 ページ

1 次の英文の（　）内から適する語を選び，○で囲みなさい。［1点×2］

(1) (What, How, When) old are you? — I'm thirteen.

(2) How (many, tall, long) is this bridge? — It's fifty meters long.

2 次の日本文に合うように，＿＿に適する語を書きなさい。［1点×2］

(1) あなたのお父さんは何歳（さい）ですか。— 彼（かれ）は 40 歳です。

　　　＿＿＿＿＿＿＿＿＿＿ old is your father? — He's forty years ＿＿＿＿＿＿＿＿＿.

(2) その駅までの距離（きょり）はどれくらいですか。— 5 キロメートルです。

　　　＿＿＿＿＿＿＿＿＿ ＿＿＿＿＿＿＿＿＿ is it to the station? — It's five kilometers.

3 次の英文の下線部をたずねる疑問文を書きなさい。［1点×2］

(1) Your brother is <u>175 centimeters</u> tall.

　　　＿＿＿＿＿＿＿＿＿＿＿＿＿＿＿＿＿＿＿＿＿＿＿＿＿＿＿＿＿＿＿

(2) That mountain is <u>about 2,000 meters</u> high.

　　　＿＿＿＿＿＿＿＿＿＿＿＿＿＿＿＿＿＿＿＿＿＿＿＿＿＿＿＿＿＿＿

> highは「（山などが）高い」という意味の形容詞だよ。

4 次の日本文を（　）内の語を使って英語になおしなさい。［2点×2］

(1) あなたの学校はどれくらい古いですか。(old)

　　　＿＿＿＿＿＿＿＿＿＿＿＿＿＿＿＿＿＿＿＿＿＿＿＿＿＿＿＿＿＿＿

(2) これらの鉛筆（えんぴつ）はどれくらいの長さですか。(long)

　　　＿＿＿＿＿＿＿＿＿＿＿＿＿＿＿＿＿＿＿＿＿＿＿＿＿＿＿＿＿＿＿

なぞとき　アルファベットの 23 番目の文字は？
⑦
▶▶ p.3 の ⑦ にあてはめよう

今日はここまで！ おつかれさま！

解答　別冊 17 ページ

1 次の英文の（　）内から適する語を選び，◯で囲みなさい。［ 1 点× 2 ］

(1) I (am, are, is) playing tennis.

(2) Miki and I (am, are, is) singing.

2 次の英文を現在進行形の文に書きかえるとき，＿＿に適する語を書きなさい。

(1) We run with our dog.　　　　　　　　　　　　　　　　　　　　　［ 1 点× 2 ］

We ＿＿＿＿＿＿＿＿＿ ＿＿＿＿＿＿＿＿＿ with our dog.

(2) Ken studies English.

Ken ＿＿＿＿＿＿＿＿＿ ＿＿＿＿＿＿＿＿＿ English.

3 次の日本文に合うように，＿＿に適する語を書きなさい。［ 1 点× 2 ］

(1) 私の父は新聞を読んでいるところです。

My father ＿＿＿＿＿＿＿＿＿ ＿＿＿＿＿＿＿＿＿ the newspaper.

(2) 彼らはヤマダ先生と話しているところです。

They ＿＿＿＿＿＿＿＿＿ ＿＿＿＿＿＿＿＿＿ with Mr. Yamada.

4 次の英文を日本語になおしなさい。［ 2 点× 2 ］

(1) He's teaching math to children.

＿＿＿＿＿＿＿＿＿＿＿＿＿＿＿＿＿＿＿＿＿＿＿＿＿＿＿＿＿＿＿＿＿

(2) They're taking pictures in the zoo.

＿＿＿＿＿＿＿＿＿＿＿＿＿＿＿＿＿＿＿＿＿＿＿＿＿＿＿＿＿＿＿＿＿

今日はここまで！ おつかれさま！

現在進行形の肯定文②

解答　別冊 17 ページ

1 次の英文の___に，（　）内の語を適する形にかえて書きなさい。[1 点× 2]

(1) She is _____ the piano in her room.（ practice ）

(2) My sister is _____ dinner.（ make ）

2 次の日本文に合うように，___に適する語句を書きなさい。[1 点× 2]

(1) 彼は今，自分の部屋を掃除しているところです。

He _____ now.

(2) 姉と私は今，音楽をきいているところです。

My sister and I _____ now.

3 次の英文を（　）内の指示にしたがって書きかえなさい。[1 点× 2]

(1) Tom swims in the pool.（現在進行形の文に）

_____

(2) I'm working in Yokohama.（主語を they に）

_____

4 次の日本文を英語になおしなさい。[2 点× 2]

(1) 私は英語の本を読んでいるところです。

_____

(2) 私たちは公園で昼食を食べているところです。

_____

今日はここまで！ おつかれさま！

解答　別冊 17 ページ

1 次の英文の（　）内から適する語を選び，○で囲みなさい。［1点×2］

(1) (Is, Do, Does) he running there?

(2) Are the students (talk, talks, talking) to the boy?

2 次の日本文に合うように，＿＿に適する語を書きなさい。［1点×2］

(1) 彼女はテニスを楽しんでいるところですか。— はい，そうです。

＿＿＿＿＿＿＿ she ＿＿＿＿＿＿＿ tennis? — Yes, ＿＿＿＿＿＿＿ is.

(2) あなたはここに来るところですか。— いいえ，そうではありません。

＿＿＿＿＿＿＿ you ＿＿＿＿＿＿＿ here?

— No, ＿＿＿＿＿＿＿ not.

3 次の英文を（　）内の指示にしたがって書きかえなさい。［1点×2］

(1) He's practicing baseball with his teammates. （疑問文に）

＿＿＿＿＿＿＿＿＿＿＿＿＿＿＿＿＿＿＿＿＿＿＿＿＿＿＿

(2) ((1)にYesで答えて)

＿＿＿＿＿＿＿＿＿＿＿＿＿＿＿＿＿＿＿＿＿＿＿＿＿＿＿

4 次の日本文に合うように，（　）内の語句を並べかえなさい。［2点×2］

(1) あなたはお父さんを待っているところですか。

(for / you / are / your father / waiting)?

＿＿＿＿＿＿＿＿＿＿＿＿＿＿＿＿＿＿＿＿＿＿＿＿＿＿＿

(2) マイクは学校に行くところですか。

(to / is / school / going / Mike)?

＿＿＿＿＿＿＿＿＿＿＿＿＿＿＿＿＿＿＿＿＿＿＿＿＿＿＿

今日はここまで！ おつかれさま！

58

現在進行形の疑問文②

解答　別冊 17 ページ

1 次の英文の＿＿に適する語を▢から選んで書きなさい。［1点×4］

(1) ＿＿＿＿＿＿ sport are you playing? — I'm playing soccer.

(2) ＿＿＿＿＿＿ many cakes are they making? — About ten.

(3) ＿＿＿＿＿＿ is he singing? — In the garden.

(4) ＿＿＿＿＿＿ is sleeping in your bed? — My brother is.

what	where	who	how

2 次の英文の下線部をたずねる疑問文になるように，＿＿に適する語を書きなさい。

(1) She's <u>doing her homework</u>. ［1点×2］

＿＿＿＿＿＿ ＿＿＿＿＿＿ she doing?

(2) <u>Ms. Green</u> is teaching English to some students.

＿＿＿＿＿＿ ＿＿＿＿＿＿ English to some students?

3 次の日本文に合うように，（　）内の語句を並べかえなさい。［1点×2］

(1) 彼はどこでイヌと走っているところですか。

(he / is / his dog / running / where / with)?

＿＿＿＿＿＿＿＿＿＿＿＿＿＿＿＿＿＿＿＿＿＿＿＿＿＿

(2) 彼らはどうやっていすを作っているところですか。

(they / are / how / a chair / making)?

＿＿＿＿＿＿＿＿＿＿＿＿＿＿＿＿＿＿＿＿＿＿＿＿＿＿

4 次の日本文を英語になおしなさい。［1点×2］

(1) あなたのお母さんはどこで音楽をきいているところですか。

＿＿＿＿＿＿＿＿＿＿＿＿＿＿＿＿＿＿＿＿＿＿＿＿＿＿

(2) あなたは何を探しているところですか。

＿＿＿＿＿＿＿＿＿＿＿＿＿＿＿＿＿＿＿＿＿＿＿＿＿＿

今日はここまで! おつかれさま!

現在進行形の否定文①

解答　別冊18ページ

1 次の英文の（　）内から適する語を選び，○で囲みなさい。［1点×2］

(1) We (aren't, don't, doesn't) studying science.

(2) Kate isn't (come, comes, coming) here.

2 次の英文を否定文に書きかえるとき，＿＿に適する語を書きなさい。［1点×2］

(1) I'm going shopping with my mother.

I'm ＿＿＿＿＿＿＿ ＿＿＿＿＿＿＿ shopping with my mother.

(2) Those students are drawing over there.

Those students ＿＿＿＿＿＿＿ ＿＿＿＿＿＿＿ over there.

3 次の日本文に合うように，＿＿に適する語を書きなさい。［1点×2］

(1) 私はおばに電話しているところではありません。

I'm ＿＿＿＿＿＿＿ ＿＿＿＿＿＿＿ my aunt.

(2) あなたのお兄さんは川で泳いでいるところではありません。

Your brother ＿＿＿＿＿＿＿ ＿＿＿＿＿＿＿ in the river.

4 次の日本文に合うように，（　）内の語句を並べかえなさい。［2点×2］

(1) 彼女（かのじょ）はたくさんの箱を運んでいるところではありません。

(carrying / she's / boxes / many / not).

＿＿＿＿＿＿＿＿＿＿＿＿＿＿＿＿＿＿＿＿＿＿

(2) スミスさんは自分の部屋で眠（ねむ）っているところではありません。

(sleeping / Ms. Smith / her room / isn't / in).

＿＿＿＿＿＿＿＿＿＿＿＿＿＿＿＿＿＿＿＿＿＿

今日はここまで！ おつかれさま！

現在進行形の否定文②

月　日

解答　別冊18ページ

1 次の日本文に合うように，___に適する語を書きなさい。[1 点× 2]

(1) 彼らは台所でケーキを作っているところではありません。

They _____ _____ _____ cakes in the kitchen.

(2) ユミは今，あなたに手紙を書いているところではありません。

Yumi _____ _____ _____ a letter to you now.

2 次の英文を否定文に書きかえなさい。[1 点× 2]

(1) We're eating lunch in the classroom.

_____

(2) John's mother is driving a car near the museum.

_____

3 次の英文を日本語になおしなさい。[1 点× 2]

(1) Tom isn't reading a Japanese book.

_____

(2) They're not going to school by bike.

_____

4 次の日本文を英語になおしなさい。[2 点× 2]

(1) ケイト(Kate)はギターを練習しているところではありません。

_____

(2) 私は今，朝食を作っているところではありません。

_____

今日はここまで！おつかれさま！

解答　別冊18ページ

1 次の英文の(　)内から適する語を選び，○で囲みなさい。[1点×2]

(1)　She (play, plays, played) tennis yesterday.

(2)　Tom (study, studying, studied) math after school.

2 次の英文を過去の文に書きかえるとき，＿＿に適する語を書きなさい。[1点×2]

(1)　I close the window.　　　I ＿＿＿＿＿＿＿＿ the window.

(2)　My aunt lives in Kobe.　　My aunt ＿＿＿＿＿＿＿＿ in Kobe.

3 次の日本文に合うように，＿＿に適する語を書きなさい。[1点×4]

(1)　彼女は私に電話をしました。　She ＿＿＿＿＿＿＿＿ me.

(2)　私はギターを練習しました。　I ＿＿＿＿＿＿＿＿ the guitar.

(3)　私は昨日，夕食後に母を手伝いました。

　　I ＿＿＿＿＿＿＿＿ my mother after dinner ＿＿＿＿＿＿＿＿.

(4)　私たちは先週，仙台を訪れました。

　　We ＿＿＿＿＿＿＿＿ Sendai ＿＿＿＿＿＿＿＿ week.

4 次の日本文に合うように，(　)内の語句を並べかえなさい。[1点×2]

(1)　彼は3年前，ロンドンに住んでいました。

　　(in / years / London / he / three / lived) ago.

　　＿＿＿＿＿＿＿＿＿＿＿＿＿＿＿＿＿＿＿＿＿＿＿ ago.

(2)　彼は先月，カメラをほしがっていました。

　　He (month / wanted / last / a camera).

　　He ＿＿＿＿＿＿＿＿＿＿＿＿＿＿＿＿＿＿＿＿＿＿＿.

今日はここまで！ おつかれさま！

解答　別冊18ページ

1 次の日本文に合うように，＿＿に適する語を書きなさい。［1点×2］

(1) 私たちは昨日，音楽をききました。

We ＿＿＿＿＿＿＿ ＿＿＿＿＿＿＿ ＿＿＿＿＿＿＿ yesterday.

(2) 彼女は昨年，野球が大好きでした。

She ＿＿＿＿＿＿＿ baseball ＿＿＿＿＿＿＿ much last year.

2 次の英文を（ ）内の指示にしたがって書きかえなさい。［1点×2］

(1) I watch TV with my family.（文末にlast Sundayを加えて）

＿＿＿＿＿＿＿＿＿＿＿＿＿＿＿＿＿＿＿＿＿＿＿＿＿＿＿＿＿

(2) She calls her uncle.（文末にlast nightを加えて）

＿＿＿＿＿＿＿＿＿＿＿＿＿＿＿＿＿＿＿＿＿＿＿＿＿＿＿＿＿

3 次の英文を日本語になおしなさい。［1点×2］

(1) He asked me about my plan.

＿＿＿＿＿＿＿＿＿＿＿＿＿＿＿＿＿＿＿＿＿＿＿＿＿＿＿＿＿

(2) It rained much last June.

＿＿＿＿＿＿＿＿＿＿＿＿＿＿＿＿＿＿＿＿＿＿＿＿＿＿＿＿＿

4 次の日本文を英語になおしなさい。［2点×2］

(1) 私は先月，父のコンピュータを使いました。

＿＿＿＿＿＿＿＿＿＿＿＿＿＿＿＿＿＿＿＿＿＿＿＿＿＿＿＿＿

(2) ジョン（John）は10年前，ニューヨークに住んでいました。

＿＿＿＿＿＿＿＿＿＿＿＿＿＿＿＿＿＿＿＿＿＿＿＿＿＿＿＿＿

今日はここまで！ おつかれさま！

解答　別冊 19 ページ

1 次の英文の（　）内から適する語を選び，○で囲みなさい。[1 点× 2]

(1) I (write, wrote, writing) a letter to her yesterday.

(2) Mari (make, makes, made) breakfast for us yesterday morning.

2 次の日本文に合うように，＿＿に適する語を書きなさい。[1 点× 2]

(1) 私たちは昨日，駅でユキに会いました。

We ＿＿＿＿＿＿＿ Yuki at the station ＿＿＿＿＿＿＿.

(2) 私の母はこの前の月曜日，5 時に起きました。

My mother ＿＿＿＿＿＿＿ up at five ＿＿＿＿＿＿＿ Monday.

3 次の英文を過去の文に書きかえるとき，＿＿に適する語を書きなさい。[1 点× 2]

(1) She often gives some books to me.

She often ＿＿＿＿＿＿＿ some books to me.

(2) We buy some CDs.

We ＿＿＿＿＿＿＿ some CDs.

4 次の日本文に合うように，（　）内の語句を並べかえなさい。[2 点× 2]

(1) トムはそのとき日本語を上手に話しました。

Tom (well / spoke / then / Japanese).

Tom ＿＿＿＿＿＿＿＿＿＿＿＿＿＿＿＿＿＿＿.

(2) 私は先月，10 冊の本を読みました。

I (month / read / last / ten books).

I ＿＿＿＿＿＿＿＿＿＿＿＿＿＿＿＿＿＿＿.

> spoke は speak「話す」の過去形,
> read は read「読む」の過去形だよ。

今日はここまで！ おつかれさま！

64

解答 別冊19ページ

1 次の日本文に合うように，＿＿に適する語句を書きなさい。[1点×2]

(1) 私たちは昨日，ここに来ました。

We ＿＿＿＿＿＿＿＿＿＿＿＿＿＿＿＿ yesterday.

(2) 私の父はあなたを知っていました。

My father ＿＿＿＿＿＿＿＿＿＿＿＿＿＿＿＿.

2 次の英文を（　）内の指示にしたがって書きかえなさい。[1点×2]

(1) I go to bed late. （文末にlast nightを加えて）

＿＿＿＿＿＿＿＿＿＿＿＿＿＿＿＿＿＿＿＿

(2) We have lunch with our friends. （文末にthree days agoを加えて）

＿＿＿＿＿＿＿＿＿＿＿＿＿＿＿＿＿＿＿＿

3 次の英文を日本語になおしなさい。[1点×2]

(1) Our summer vacation began five days ago.

＿＿＿＿＿＿＿＿＿＿＿＿＿＿＿＿＿＿＿＿

(2) She found her bag in the library.

＿＿＿＿＿＿＿＿＿＿＿＿＿＿＿＿＿＿＿＿

4 次の日本文を英語になおしなさい。[2点×2]

(1) 私は昨日，宿題をしました。

＿＿＿＿＿＿＿＿＿＿＿＿＿＿＿＿＿＿＿＿

(2) 彼は朝食にリンゴを2つ食べました。

＿＿＿＿＿＿＿＿＿＿＿＿＿＿＿＿＿＿＿＿

なぞとき

「練習する」は英語で何？

| | | | | ⑧ | | | | |

▶▶ p.3の⑧にあてはめよう

今日はここまで！ おつかれさま！

65

解答　別冊19ページ

1 次の英文の（　）内から適する語を選び，○で囲みなさい。［1点×2］

(1) (Do, Does, Did) you make *sushi* yesterday? — Yes, I did.

(2) Did he (study, studies, studied) math last night? — No, he didn't.

2 次の日本文に合うように，＿＿に適する語を書きなさい。［1点×2］

(1) 彼女は昨夜，パーティーに行きましたか。— はい，行きました。

＿＿＿＿＿＿＿＿＿ she go to the party last night?

— Yes, she ＿＿＿＿＿＿＿＿.

(2) あなたは私の自転車を使いましたか。— いいえ，使いませんでした。

＿＿＿＿＿＿＿＿＿ you ＿＿＿＿＿＿＿＿＿ my bike?

— No, I ＿＿＿＿＿＿＿＿.

3 次の英文を（　）内の指示にしたがって書きかえなさい。［1点×2］

(1) Ms. Sawada got to the station at ten. （疑問文に）

＿＿＿＿＿＿＿＿＿＿＿＿＿＿＿＿＿＿＿＿＿＿＿＿＿＿＿＿＿

(2) （(1)に**No**で答えて）

＿＿＿＿＿＿＿＿＿＿＿＿＿＿＿＿＿＿＿＿＿＿＿＿＿＿＿＿＿

4 次の日本文を英語になおしなさい。［2点×2］

(1) 先週，彼はコンサートを楽しみましたか。

＿＿＿＿＿＿＿＿＿＿＿＿＿＿＿＿＿＿＿＿＿＿＿＿＿＿＿＿＿

(2) マイク(Mike)は昨日，このコンピュータを使いましたか。

＿＿＿＿＿＿＿＿＿＿＿＿＿＿＿＿＿＿＿＿＿＿＿＿＿＿＿＿＿

今日はここまで！ おつかれさま！

解答　別冊19ページ

1 次の英文の___に適する語を▢から選んで書きなさい。[1点×4]

(1) _____ did he play the piano? — He played it in his room.

(2) _____ did they go to the station? — They went there by bus.

(3) _____ did Beth cook lunch? — She cooked it last Sunday.

(4) _____ did you make yesterday? — I made some pies.

What	Where	When	How

2 次の英文の下線部をたずねる疑問文になるように，___に適する語を書きなさい。

(1) It rained a lot last night.　　　　　　　　　　　　　　[1点×2]

　　_____ _____ it rain a lot?

(2) My mother used that bike yesterday afternoon.

　　_____ _____ that bike yesterday afternoon?

3 次の日本文に合うように，( )内の語句を並べかえなさい。[1点×2]

(1) あなたのおじさんは3年前，どこで働いていましたか。

　　(work / did / three / your uncle / ago / where / years)?

　　_____

(2) 彼女はどちらの車を運転しましたか。

　　(drive / did / car / which / she)?

　　_____

4 次の日本文を英語になおしなさい。[1点×2]

(1) あなたは昨日，何時に寝ましたか。

　　_____

(2) あなたの両親は公園に何を持ってきましたか。

　　_____

今日はここまで！ おつかれさま！

解答　別冊20ページ

1 次の日本文に合うように，＿＿に適する語を書きなさい。［1点×2］

(1) 私は千葉を訪れませんでした。　I ＿＿＿＿＿＿＿ not visit Chiba.

(2) 私の弟はトムを知りませんでした。　My brother ＿＿＿＿＿＿ know Tom.

2 次の日本文に合うように，＿＿に適する語を書きなさい。［1点×2］

(1) ポールは5年前は野球が好きではありませんでした。

Paul ＿＿＿＿＿＿ ＿＿＿＿＿＿ baseball five years ＿＿＿＿＿＿ .

(2) 私は先週，母を手伝いませんでした。

I ＿＿＿＿＿＿ ＿＿＿＿＿＿ my mother ＿＿＿＿＿＿ week.

3 次の英文を否定文に書きかえるとき，＿＿に適する語を書きなさい。［1点×2］

(1) I cooked lunch last Sunday.

I ＿＿＿＿＿＿ ＿＿＿＿＿＿ cook lunch last Sunday.

(2) My sister washed her hands before dinner.

My sister ＿＿＿＿＿＿ ＿＿＿＿＿＿ her hands before dinner.

4 次の日本文に合うように，（　）内の語句を並べかえなさい。［1点×2］

(1) 私たちはおばを待ちませんでした。

We (our aunt / for / didn't / wait).

We ＿＿＿＿＿＿＿＿＿＿＿＿＿＿＿＿＿＿＿＿ .

(2) 彼はケンに話しかけませんでした。

He (Ken / talk / to / didn't).

He ＿＿＿＿＿＿＿＿＿＿＿＿＿＿＿＿＿＿＿＿ .

5 次の日本文を英語になおしなさい。［1点×2］

(1) 彼女は放課後にピアノを練習しませんでした。

＿＿＿＿＿＿＿＿＿＿＿＿＿＿＿＿＿＿＿＿＿＿

(2) 私の兄は新しい腕時計がほしくありませんでした。

＿＿＿＿＿＿＿＿＿＿＿＿＿＿＿＿＿＿＿＿＿＿

今日はここまで！ おつかれさま！

64 第10章　過去の文
be動詞の過去の肯定文

月　日 / 点 / 10

解答　別冊 20 ページ

1 次の英文の＿に適する語を□から選んで書きなさい。［1点×4］

(1) I ＿＿＿＿＿＿＿ fourteen years old now.

(2) You and your sister ＿＿＿＿＿＿＿ in the library yesterday.

(3) I ＿＿＿＿＿＿＿ happy last week.

(4) Yumi's cousin ＿＿＿＿＿＿＿ a junior high school student now.

am	are	is	was	were

2 次の日本文に合うように，＿に適する語を書きなさい。［1点×2］

(1) 私の母は昨夜，とても疲れていました。

My mother ＿＿＿＿＿＿＿ very ＿＿＿＿＿＿＿ last night.

(2) 私たちは今日，ひまでした。

We ＿＿＿＿＿＿＿ ＿＿＿＿＿＿＿ today.

3 次の英文を（　）内の語句を文末に加えて書きかえなさい。［1点×2］

(1) My mother is a music teacher.（ five years ago ）

＿＿＿＿＿＿＿＿＿＿＿＿＿＿＿＿＿＿＿＿＿＿

(2) They're very excited.（ yesterday ）

＿＿＿＿＿＿＿＿＿＿＿＿＿＿＿＿＿＿＿＿＿＿

4 次の日本文を英語になおしなさい。［1点×2］

(1) その本は私にはとてもおもしろかったです。

＿＿＿＿＿＿＿＿＿＿＿＿＿＿＿＿＿＿＿＿＿＿

(2) 私はこの前の月曜日，具合が悪かったです。

＿＿＿＿＿＿＿＿＿＿＿＿＿＿＿＿＿＿＿＿＿＿

今日はここまで！ おつかれさま！

69

解答 別冊20ページ

1 次の英文の（ ）内から適する語を選び，○で囲みなさい。［1点×2］

(1) (Is, Was, Were) Mr. Oka in Kobe two months ago?

— No, he (isn't, wasn't, weren't).

(2) (Are, Was, Were) his parents at home yesterday?

— Yes, they (are, was, were).

2 次の日本文に合うように，＿＿に適する語を書きなさい。［1点×2］

(1) 彼らは10年前，学生でしたか。— いいえ，ちがいました。

＿＿＿＿＿＿ they students ten years ＿＿＿＿＿＿? — No, they ＿＿＿＿＿＿.

(2) 昨夜は暑かったですか。— いいえ，暑くはありませんでした。

＿＿＿＿＿＿ ＿＿＿＿＿＿ hot last night? — No, ＿＿＿＿＿＿ ＿＿＿＿＿＿.

3 次の日本文に合うように，（ ）内の語句を並べかえなさい。［1点×2］

(1) あなたのお姉さんは先月，ニューヨークにいましたか。

(New York / your sister / month / in / was / last)?

＿＿＿＿＿＿＿＿＿＿＿＿＿＿＿＿＿＿＿＿＿＿＿＿＿＿＿＿＿

(2) 私たちの自転車は昨日，庭にありましたか。

(our bikes / in / were / yesterday / the garden)?

＿＿＿＿＿＿＿＿＿＿＿＿＿＿＿＿＿＿＿＿＿＿＿＿＿＿＿＿＿

4 次の英文を（ ）内の指示にしたがって書きかえなさい。［1点×2］

(1) Mr. Green's car was in front of his house this afternoon. （疑問文に）

＿＿＿＿＿＿＿＿＿＿＿＿＿＿＿＿＿＿＿＿＿＿＿＿＿＿＿＿＿

(2) （(1)にYesで答えて）

＿＿＿＿＿＿＿＿＿＿＿＿＿＿＿＿＿＿＿＿＿＿＿＿＿＿＿＿＿

5 次の日本文を英語になおしなさい。［1点×2］

(1) あなたは昨夜，大阪にいましたか。

＿＿＿＿＿＿＿＿＿＿＿＿＿＿＿＿＿＿＿＿＿＿＿＿＿＿＿＿＿

(2) あなたのおばあさんは昨日，疲れていましたか。

＿＿＿＿＿＿＿＿＿＿＿＿＿＿＿＿＿＿＿＿＿＿＿＿＿＿＿＿＿

今日はここまで！ おつかれさま！

解答　別冊21ページ

1 次の英文の＿＿に適する語を□から選んで書きなさい。[1点×4]

(1) ＿＿＿＿＿＿＿ were you at three? — I was in the restaurant.

(2) ＿＿＿＿＿＿＿ was Tom in Canada? — He was there two years ago.

(3) ＿＿＿＿＿＿＿ was with you then? — My father was.

(4) ＿＿＿＿＿＿＿ was by the gate yesterday? — My bike was.

What	Where	When	Who

2 次の対話文がなりたつように，＿＿に適する語を書きなさい。[1点×2]

(1) ＿＿＿＿＿＿＿ were your brothers three hours ago?

— ＿＿＿＿＿＿＿ ＿＿＿＿＿＿＿ in the supermarket.

(2) ＿＿＿＿＿＿＿ was your mother last night?

— ＿＿＿＿＿＿＿ ＿＿＿＿＿＿＿ tired.

3 次の英文を日本語になおしなさい。[1点×2]

(1) What was under that tree then?

＿＿＿＿＿＿＿＿＿＿＿＿＿＿＿＿＿＿＿＿＿＿＿＿＿

(2) Where were you and your mother an hour ago?

＿＿＿＿＿＿＿＿＿＿＿＿＿＿＿＿＿＿＿＿＿＿＿＿＿

4 次の日本文を英語になおしなさい。[1点×2]

(1) あなたはいつ，横浜にいましたか。

＿＿＿＿＿＿＿＿＿＿＿＿＿＿＿＿＿＿＿＿＿＿＿＿＿

(2) あなたのクラスで，だれがあなたに親切でしたか。

＿＿＿＿＿＿＿＿＿＿＿＿＿＿＿＿＿＿＿＿＿＿＿＿＿

「～に親切である」はbe kind to ～。
be動詞は主語に合わせて過去形にしよう。

今日はここまで！おつかれさま！

be動詞の過去の否定文

点

月　日　　／10

解答　別冊21ページ

1 次の日本文に合うように，＿＿に適する語を書きなさい。［1点×2］

(1) 私は家にいませんでした。　　　　　I ＿＿＿＿＿＿ ＿＿＿＿＿＿ at home.

(2) 私たちは空腹ではありませんでした。　We ＿＿＿＿＿＿ ＿＿＿＿＿＿ hungry.

2 次の英文を否定文に書きかえるとき，＿＿に適する語を書きなさい。［1点×2］

(1) They were in Fukuoka last summer.

＿＿＿＿＿＿＿＿＿＿ ＿＿＿＿＿＿＿＿＿＿ in Fukuoka last summer.

(2) Your cap was on the bed.

Your cap ＿＿＿＿＿＿＿＿＿ on the bed.

3 次の日本文に合うように，（　）内の語句を並べかえなさい。［1点×2］

(1) 先月は暖かくありませんでした。

It (warm / month / last / wasn't).

It ＿＿＿＿＿＿＿＿＿＿＿＿＿＿＿＿＿＿＿＿＿＿＿＿＿＿＿.

(2) 私の両親は15年前，学生ではありませんでした。

My parents (students / ago / weren't / fifteen years).

My parents ＿＿＿＿＿＿＿＿＿＿＿＿＿＿＿＿＿＿＿＿＿＿＿＿.

4 次の日本文を英語になおしなさい。［2点×2］

(1) ポール(Paul)は2日前，怒っていませんでした。

＿＿＿＿＿＿＿＿＿＿＿＿＿＿＿＿＿＿＿＿＿＿＿＿＿＿＿＿＿＿＿

(2) 姉と私はこの前の土曜日，忙しくありませんでした。

＿＿＿＿＿＿＿＿＿＿＿＿＿＿＿＿＿＿＿＿＿＿＿＿＿＿＿＿＿＿＿

今日はここまで! おつかれさま!

解答　別冊 22 ページ

1 次の英文の（　）内から適する語を選び，○で囲みなさい。[1 点× 2]

(1) I (was, were) playing the piano.

(2) He was (swims, swam, swimming) in the pool.

2 次の日本文に合うように，＿＿に適する語を書きなさい。[1 点× 2]

(1) 私たちは英語を勉強していました。

We _____ studying English.

(2) 私のおじは車を運転していました。

My uncle was _____ a car.

3 次の英文の＿＿に（　）内の語を適する形にかえて書きなさい。[1 点× 2]

(1) Paul was _____ dinner with his sister. (cook)

(2) The children were _____ over there. (cry)

4 次の英文を（　）内の指示にしたがって書きかえなさい。[1 点× 2]

(1) My mother drank coffee. （過去進行形の文に）

_____

(2) I was practicing the guitar. （主語を they に）

_____

5 次の日本文を英語になおしなさい。[1 点× 2]

(1) 私たちはケイト(Kate)のかさを探していました。

_____

(2) 私の父は居間で新聞を読んでいました。

_____

今日はここまで！ おつかれさま！

点

/10

解答　別冊22ページ

1 次の英文を（　）内の指示にしたがって書きかえるとき，＿＿に適する語を書きなさい。

(1) She was having lunch with her classmates.（疑問文に）　　　［1点×2］

＿＿＿＿＿＿＿＿＿ she ＿＿＿＿＿＿＿＿＿ lunch with her classmates?

(2) （(1)に Yes で答えて）

Yes, ＿＿＿＿＿＿＿＿＿ ＿＿＿＿＿＿＿＿＿.

2 次の対話文がなりたつように，＿＿に適する語を書きなさい。［1点×2］

(1) ＿＿＿＿＿＿＿＿＿ you reading books in the library at that time?

— Yes, we ＿＿＿＿＿＿＿＿＿.

(2) ＿＿＿＿＿＿＿＿＿ your sister sitting by the window at that time?

— No, ＿＿＿＿＿＿＿＿＿ ＿＿＿＿＿＿＿＿＿.

3 次の日本文に合うように，（　）内の語句を並べかえなさい。［1点×2］

(1) 彼女はそのとき，泣いていましたか。

(at / she / was / that / crying) time?

＿＿＿＿＿＿＿＿＿＿＿＿＿＿＿＿＿＿＿＿＿＿＿ time?

(2) あなたはおばあさんの世話をしていましたか。

(taking / you / your grandmother / of / were / care)?

＿＿＿＿＿＿＿＿＿＿＿＿＿＿＿＿＿＿＿＿＿＿＿＿＿＿

4 次の日本文を英語になおしなさい。［2点×2］

(1) 私の母は自分の車を運転していましたか。— いいえ，運転していませんでした。

＿＿＿＿＿＿＿＿＿＿＿＿＿＿＿＿＿＿＿＿＿＿＿＿＿＿

— ＿＿＿＿＿＿＿＿＿＿＿＿＿＿＿＿＿＿＿＿＿＿＿＿＿＿

(2) あなたは川で泳いでいましたか。— はい，泳いでいました。

＿＿＿＿＿＿＿＿＿＿＿＿＿＿＿＿＿＿＿＿＿＿＿＿＿＿

— ＿＿＿＿＿＿＿＿＿＿＿＿＿＿＿＿＿＿＿＿＿＿＿＿＿＿

今日はここまで！ おつかれさま！

解答　別冊 23 ページ

1 次の英文の＿＿に適する語を□から選んで書きなさい。[1 点× 4]

(1) ＿＿＿＿＿＿＿ were you watching? — I was watching figure skating.

(2) ＿＿＿＿＿＿＿ was Jim studying? — He was studying in his room.

(3) ＿＿＿＿＿＿＿ was dancing there? — Beth was.

(4) ＿＿＿＿＿＿＿ were you cooking? — We were cooking this morning.

| What | Where | When | Who |

2 次の英文の下線部をたずねる疑問文になるように，＿＿に適する語を書きなさい。

(1) Cathy was playing soccer.　　　　　　　　　　　　　　　　[1 点× 2]

＿＿＿＿＿＿＿＿ was Cathy ＿＿＿＿＿＿＿＿ ?

(2) My aunt was teaching English to the children.

＿＿＿＿＿＿＿＿ ＿＿＿＿＿＿＿＿ teaching English to the children?

3 次の日本文に合うように，（　）内の語を並べかえなさい。[1 点× 2]

(1) あなたたちはどこで写真をとっていましたか。

(taking / where / pictures / you / were)?

＿＿＿＿＿＿＿＿＿＿＿＿＿＿＿＿＿＿＿＿＿＿＿＿＿＿＿

(2) 彼はそのとき，何について話していましたか。

(was / he / about / what / then / talking)?

＿＿＿＿＿＿＿＿＿＿＿＿＿＿＿＿＿＿＿＿＿＿＿＿＿＿＿

4 次の日本文を英語になおしなさい。[1 点× 2]

(1) あなたたちはどこで彼を待っていましたか。

＿＿＿＿＿＿＿＿＿＿＿＿＿＿＿＿＿＿＿＿＿＿＿＿＿＿＿

(2) メアリー(Mary)はいつ，あのかばんを作っていましたか。

＿＿＿＿＿＿＿＿＿＿＿＿＿＿＿＿＿＿＿＿＿＿＿＿＿＿＿

今日はここまで! おつかれさま!

過去進行形の否定文

解答　別冊 23 ページ

1 次の日本文に合うように，___に適する語を書きなさい。［1点×2］

(1) 彼女は歌を歌っていませんでした。

She _____ _____ singing a song.

(2) 彼らはそのとき，地図を見ていませんでした。

They _____ _____ looking at a map then.

2 次の英文を否定文に書きかえるとき，___に適する語を書きなさい。［1点×2］

(1) I was studying math hard.

I _____ _____ math hard.

(2) We were playing basketball in the gym.

We _____ _____ basketball in the gym.

3 次の日本文に合うように，（　）内の語を並べかえなさい。［1点×2］

(1) ジムは昨日，ここで働いていませんでした。

Jim (working / yesterday / wasn't / here).

Jim _____.

(2) 彼らはその店のところに立っていませんでした。

They (at / were / standing / not) the shop.

They _____ the shop.

4 次の日本文を英語になおしなさい。［2点×2］

(1) 私たちはその公園でサッカーをしていませんでした。

_____

(2) 彼はその木の下で眠っていませんでした。

_____

今日はここまで！ おつかれさま！

解答　別冊23ページ

1 次の英文の（　）内から適する語を選び，○で囲みなさい。[1点×2]

(1) (What, Who, How) kind!

(2) (Where, What, How) a nice bag!

2 次の日本文に合うように，＿＿に適する語を書きなさい。[1点×2]

(1) なんて大きいのでしょう！　＿＿＿＿＿＿＿ big!

(2) なんて古い本でしょう！　＿＿＿＿＿＿ ＿＿＿＿＿＿ old book!

3 次の英文を日本語になおしなさい。[1点×2]

(1) How difficult!

＿＿＿＿＿＿＿＿＿＿＿＿＿＿＿＿＿＿＿＿＿＿＿＿＿

(2) What a tall tree!

＿＿＿＿＿＿＿＿＿＿＿＿＿＿＿＿＿＿＿＿＿＿＿＿＿

4 （　）内の語を使って，次の日本文を英語になおしなさい。[2点×2]

(1) なんて美しいのでしょう！（ beautiful ）

＿＿＿＿＿＿＿＿＿＿＿＿＿＿＿＿＿＿＿＿＿＿＿＿＿

(2) なんてかわいいイヌでしょう！（ cute, dog ）

＿＿＿＿＿＿＿＿＿＿＿＿＿＿＿＿＿＿＿＿＿＿＿＿＿

> How 〜! はあとに形容詞・副詞だけがくるよ。
> What 〜! は名詞と形容詞を含む語句がくるね。

な ぞ と き

「山」は英語で何？

					⑨		

▶▶ p.3の ⑨ にあてはめよう

今日はここまで！ おつかれさま！

第11章 その他の表現

look＋形容詞

解答　別冊 24 ページ

1 次の日本文に合うように，＿＿に適する語を書きなさい。［1点×2］

(1) あなたは疲れ<ruby>つか</ruby>ています。　　　　You ＿＿＿＿＿＿＿＿ tired.

(2) あなたは疲れているように見えます。　You ＿＿＿＿＿＿＿＿ tired.

2 次の英文を「～に見えます」という文に書きかえるとき，＿＿に適する語を書きなさい。［1点×2］

(1) Tom is cool.

Tom ＿＿＿＿＿＿＿＿ ＿＿＿＿＿＿＿＿．

(2) These cars are expensive.

These cars ＿＿＿＿＿＿＿＿ ＿＿＿＿＿＿＿＿．

3 次の日本文に合うように，（　）内の語を並べかえなさい。［1点×2］

(1) 彼女<ruby>かのじょ</ruby>のネコはとてもかわいく見えました。

(very / cat / cute / her / looked)．

＿＿＿＿＿＿＿＿＿＿＿＿＿＿＿＿＿＿＿＿

(2) 彼<ruby>かれ</ruby>らは忙<ruby>いそが</ruby>しそうに見えますか。

(they / busy / look / do)？

＿＿＿＿＿＿＿＿＿＿＿＿＿＿＿＿＿＿＿＿

4 次の日本文を英語になおしなさい。［2点×2］

(1) 彼の家は古そうに見えます。

＿＿＿＿＿＿＿＿＿＿＿＿＿＿＿＿＿＿＿＿

(2) この本は簡単そうに見えません。

＿＿＿＿＿＿＿＿＿＿＿＿＿＿＿＿＿＿＿＿

今日はここまで! おつかれさま!

want to ~ / need to ~ / try to ~

月　日

点

10

解答　別冊24ページ

1 次の英文の（　）内から適する語句を選び，○で囲みなさい。［1点×2］

(1) I (want, to want, want to) eat lunch.

(2) He (needs, needs to, is needing) do his homework.

2 次の日本文に合うように，＿＿に適する語句を書きなさい。［1点×2］

(1) 私はテレビを見たくありません。

I don't ＿＿＿＿＿＿＿＿＿ ＿＿＿＿＿＿＿＿＿ watch TV.

(2) トムはそのドアを開けようとしました。

Tom ＿＿＿＿＿＿＿＿＿ ＿＿＿＿＿＿＿＿＿ open the door.

3 次の日本文に合うように，（　）内の語句を並べかえなさい。［1点×2］

(1) 彼女（かのじょ）はくつを買いたがっています。

(buy / she / shoes / to / wants).

＿＿＿＿＿＿＿＿＿＿＿＿＿＿＿＿＿＿＿＿＿＿＿＿＿＿＿

(2) 私たちはお皿を洗う必要があります。

(the dishes / wash / we / to / need).

＿＿＿＿＿＿＿＿＿＿＿＿＿＿＿＿＿＿＿＿＿＿＿＿＿＿＿

4 次の日本文を英語になおしなさい。［2点×2］

(1) あなたはこのコンピュータを使いたいですか。

＿＿＿＿＿＿＿＿＿＿＿＿＿＿＿＿＿＿＿＿＿＿＿＿＿＿＿

(2) 私の父はその魚を捕（つか）まえようとしました。

＿＿＿＿＿＿＿＿＿＿＿＿＿＿＿＿＿＿＿＿＿＿＿＿＿＿＿

・want to ~ 「~したい」

・need to ~ 「~する必要がある」

・try to ~ 「~しようとする」と覚えておこう。

今日はここまで! おつかれさま!

79

初版
第1刷　2022年4月1日　発行

●編 者
　数研出版編集部
●カバー・表紙デザイン
　株式会社クラップス（神田真里菜）

発行者　星野 泰也

ISBN978-4-410-15380-8

1回10分英語ドリル＋なぞとき　中1

発行所　**数研出版株式会社**

〒101-0052 東京都千代田区神田小川町2丁目3番地3
　　　　　〔振替〕00140-4-118431

本書の一部または全部を許可なく
複写・複製することおよび本書の
解説・解答書を無断で作成するこ
とを禁じます。

〒604-0861 京都市中京区烏丸通竹屋町上る大倉町205番地
〔電話〕代表 (075)231-0161
ホームページ　https://www.chart.co.jp
印刷　河北印刷株式会社
　　　乱丁本・落丁本はお取り替えいたします　220201

中1英語　答えと解説

1 I am 〜. / You are 〜. ① 本冊P.6

1 (1) am　　　　(2) are
2 (1) I, am　　　(2) You, are
3 (1) あなたは医者です。
　　(2) 私はテニスの選手です。
4 (1) I am Sato Yuji.
　　(2) You are in New York.
5 (1) I, am
　　(2) You, are

解説

1 (1) 「私は生徒です」
(2) 「あなたは 12 歳です」
2 (1) I am [You are] in 〜.「私は [あなたは]
　〜にいます」
(2) I am [You are] from 〜.「私は [あなたは] 〜
　の出身です」
　from のあとには出身地を入れる。
4 〈主語＋be動詞 〜.〉の語順に注意。
5 主語に合わせて be 動詞もかえる。
(1) 「私はマイクです」
(2) 「あなたは高校生です」

2 I am 〜. / You are 〜. ② 本冊P.7

1 (1) I'm　　　　(2) You're
2 (1) I'm from Sapporo.
　　(2) You are Mr. Brown.
3 (1) I am [I'm] in the gym.
　　(2) You are [You're] an English
　　　teacher.

4 (1) You are [You're] a music teacher.
　　(2) I am [I'm] from Australia.

解説

2 (1) 「私は札幌の出身です」
(2) 「あなたはブラウンさんです」
3 (1) 「私は体育館にいます」
(2) 「あなたは英語の先生です」
4 I'm は I am の, you're は you are の短縮形。

3 This is 〜. / That is 〜. ① 本冊P.8

1 (1) is　　　　(2) is
2 (1) This, is　　(2) That, is
3 (1) これはコンピュータです。
　　(2) あれは図書館です。
4 (1) This is my house.
　　(2) That is a junior high school.
5 (1) This, is　　(2) That, is

解説

1 (1) 「これはカメラです」
(2) 「あれは写真 [絵] です」
2 (1) This is 〜.「これは〜です」
(2) That is 〜.「あれは〜です」
5 近くのものをさすときは this, 離れたところ
のものをさすときは that を使う。

1

4 This is 〜. / That is 〜. ② 本冊P.9

1 (1) This, is　　(2) That, is

2 (1) This is a dictionary.
 (2) That is your sister.

3 (1) これは美しい公園です。
 (2) あちらは私の数学の先生です。

4 (1) This is your cup.
 (2) That is[That's] my guitar.

解説
1 (1) thisやthatは人をさすこともある。

2 (1) 「これは辞書です」

(2) 「あちらはあなたのお姉さん[妹さん]です」

3 (1) beautifulは「美しい」。

5 He is 〜. / She is 〜. ① 本冊P.10

1 (1) is　　(2) is

2 (1) He, is　　(2) She, is

3 (1) 彼女は私の母です。
 (2) 彼は中学生です。

4 (1) He is Tom Brown.
 (2) She is thirty.

解説
1 (1) 「彼はケンジです」

(2) 「彼女は生徒です」

6 He is 〜. / She is 〜. ② 本冊P.11

1 (1) She's　　(2) He's

2 (1) She, is　　(2) Paul, is

3 (1) Taguchi is my coach
 (2) He's very tall.

4 (1) She is[She's] a nurse.
 (2) Jim is in the[a] park.

解説
1 (1) 「忙しい」はbusy。

2 (1) 「彼女はサッカーの選手です」

(2) 「ポールはロンドンの出身です」

3 (1) 「タグチさんは私のコーチです」

(2) 「彼はとても背が高いです」

4 (2) 「〜にいる」はbe動詞で表す。

7 am not / are not / is not ① 本冊P.12

1 (1) is not　　(2) am not

2 (1) am, not　　(2) is, not

3 (1) is, not　　(2) I'm, not

4 (1) This is not my bike.
 (2) You are not sick.

解説
1 (1) 「彼はジュンではありません」

(2) 「私はカナダの出身ではありません」

2 (1) Iに合わせてamを使い，そのあとにnot。

(2) Bethに合わせてisを使い，そのあとにnot。

3 (1) 「これは図書館ではありません」

(2) 「私は今，福岡にいません」

4 (2) 「病気の」はsick。

8 am not / are not / is not ② 本冊P.13

1 (1) He is not[He's not / He isn't]
 (2) I am[I'm] not

2 (1) is, not　　(2) am, not

3 (1) あちらは私の父ではありません。
 (2) あなたのおばさんは公園にはいません。

4 (1) Ms. Oka is not[isn't] your teacher.
 (2) He is not[He's not / He isn't] from Australia.

1 (1) be動詞のあとに場所を表す語句が続くと，「～にいる」の意味になる。

2 (1) 「あれは市役所ではありません」

(2) 「私は大学生ではありません」

3 (1) That's は That is の短縮形。

(2) isn't は is not の短縮形。

4 (1) 「あなたの先生」は your teacher。

⑨ Are ～? / Is ～? ① 本冊P.14

1 (1) イ (2) エ (3) ア (4) ウ

2 (1) Are, you (2) I'm, not

(3) Is, it (4) Is, he

3 (1) Is your aunt kind?

(2) Is that a restaurant?

解説 ･･･

1 (1) 「ジェーンは高校生ですか。

— はい，そうです」

(2) 「あれはあなたのTシャツですか。

— いいえ，ちがいます」

(3) 「あなたは数学の先生ですか。

— はい，そうです」

(4) 「スミ先生は鹿児島の出身ですか。

— はい，そうです」

2 (2) Are you ～? には I で答える。

(3) Is this ～? には it で答える。

(4) 答えの文では John を he に置きかえる。

⑩ Are ～? / Is ～? ② 本冊P.15

1 (1) Is this (2) Are you

2 (1) Is, Mai (2) she, is

3 (1) これはあなたの腕時計ですか。

(2) あなたのおばさんは大阪にいますか。

4 (1) Are you tired now?

(2) Is Mr. Ishii your music teacher?

解説 ･･･

1 (1) 「こちらは～ですか」は Is this ～? で表す。

(2) 「あなたは～ですか」は Are you ～? で表す。「怒っている」は angry。

2 (1)(2) 「マイはバスケットボールの選手ですか。— はい，そうです」 she で答える。

3 (2) Your aunt is in Osaka. の疑問文。

4 (1) 「疲れている」は tired。

⑪ 一般動詞の肯定文① 本冊P.16

1 (1) play (2) like

2 (1) I, read (2) You, live

(3) I, want (4) You, walk

3 (1) 朝食を食べます

(2) （1匹の）ネコを飼っています

4 (1) I study math

(2) You have a sister.

解説 ･･･

1 (1) 「私はサッカーをします」

(2) 「あなたは音楽が好きです」

2 (2) 「～に住んでいる」は live in ～。

(4) 「～へ歩いて行く」は walk to ～。

4 (2) 「～がいます」を have を使って表す。

12 一般動詞の肯定文② 本冊P.17

1 (1) I take (2) You listen
2 (1) You know my house.
　 (2) I go to school
3 (1) あなたはとても上手にピアノをひきます。
　 (2) 私は日曜日に夕食を作ります。
4 (1) I like English.
　 (2) I clean my room every day.

解説 ...(◡‿◡)

1 (1) 「写真をとる」はtake picturesまたはtake a pictureで表す。
(2) 「～をきく」はlisten to ～。
2 (1) 「あなたは私の家を知っています」
(2) 「私はユキと一緒に学校へ行きます」
3 (1) very wellは「とても上手に」。
4 (2) every dayは文のはじめに置いてもよい。

13 一般動詞の疑問文① 本冊P.18

1 (1) Do (2) do
2 (1) Do, live (2) I, do
3 (1) Do (2) don't
4 (1) Do you read a book
　 (2) Do you know Ken

解説 ...(◡‿◡)

1 (1) 「あなたは泳ぎますか」
(2) 「あなたは車を運転しますか。
　 — いいえ，しません」
3 一般動詞の疑問文は〈Do＋主語＋動詞 ～?〉で表し，doを使って答える。
(1)(2) 「あなたは手紙を書きますか。
　 — いいえ，書きません」
4 (2) 「～をよく知っている」はknow ～ well。

14 一般動詞の疑問文② 本冊P.19

1 (1) Do you use (2) Do you swim
2 (1) Do, wash (2) I, do
3 (1) Do you listen to the radio every
　 (2) Do you speak English well?
4 (1) Do you know my grandmother?
　 (2) Do you run in the park every morning?

解説 ...(◡‿◡)

2 (1)(2) 「あなたは昼食の前に手を洗いますか。
　 — はい，洗います」
3 (1) 「あなたは毎日，ラジオをききますか」
(2) 「あなたは英語を上手に話しますか」
4 (2) 「毎朝」はevery morning。文のはじめに置いてもよい。

15 一般動詞の否定文① 本冊P.20

1 (1) do not (2) do not
2 (1) do, not (2) do, not
3 (1) do (2) not
4 (1) I do not use your pen.
　 (2) You don't practice baseball.

解説 ...(◡‿◡)

1 (1) 「私はバイオリンをひきません」
(2) 「あなたは4時に帰宅しません」
3 一般動詞の否定文は〈主語＋do not[don't]＋動詞 ～.〉で表す。
(1) 「私はフランス語を勉強しません」
(2) 「あなたは夕食の前にテレビを見ません」
4 (2) don'tはdo notの短縮形。

⑯ 一般動詞の否定文②　　本冊P.21

1 (1) You do not [don't] have
(2) I do not [don't] make [bake]

2 (1) do not [don't] swim
(2) do not [don't] visit Nara

3 (1) 私はあなたの国について知りません。
(2) あなたは放課後，あなたの先生を手伝いません。

4 (1) You do not [don't] sing this song.
(2) I do not [don't] dance well.

解説

2 (1) 「私は川で泳ぎません」
(2) 「あなたは友達と奈良を訪れません」
with 〜は「〜と一緒に」。

3 (1) about 〜 は「〜について」。
(2) after school は「放課後」。

4 (1) 「歌」はsong（名詞），「歌う」はsing（動詞）。

⑰ canを使った肯定文　　本冊P.22

1 (1) can play　　(2) can write

2 (1) can, run
(2) can, make [bake]

3 (1) I can walk to his town.
(2) Bob can help his mother

4 (1) I can go shopping with you on Sunday.
(2) You can take beautiful pictures.

5 (1) I can play tennis with you.
(2) He can carry your bag(s).

解説

1 (1) 「私はピアノをひくことができます」
(2) 「ジェーンは日本語を書くことができます」

3 (1) 「〜へ歩いて行く」はwalk to 〜。

4 (1) 「私は日曜日に，あなたと買い物に行くことができます」
(2) 「あなたは美しい写真をとることができます」

5 (2) 「運ぶ」はcarry。

⑱ canを使った疑問文　　本冊P.23

1 (1) Can　　(2) can't

2 (1) Can, can
(2) Can, cannot [can't]

3 (1) Can Koji swim in the river?
(2) Can you read this book?

4 (1) Can Ms. Smith eat *sashimi*?
(2) No, she cannot [can't].

5 (1) Can you come [go] home before five (o'clock)?
(2) Can he play soccer well?

解説

1 (1) 「あなたのお姉さん [妹さん]は上手におどることができますか。— はい，できます」
(2) 「ボブは公園を掃除できますか。— いいえ，できません」

2 (2) cannotの短縮形はcan't。

4 (1)(2) 「スミスさんはさしみを食べることができますか。— いいえ，できません」

5 (1) 「帰宅する」はcome [go] home。

⑲ canを使った否定文　本冊P.24

1 (1)　cannot[can't]
　　(2)　cannot[can't], use
2 (1)　cannot[can't]
　　(2)　cannot[can't], go
3 (1)　My sister cannot skate well.
　　(2)　I cannot sing these songs.
4 (1)　I cannot[can't] get to the station at eleven (o'clock).
　　(2)　She cannot[can't] call Tom at night.

解説
2 (1)　「私は英語で手紙を書くことができません」
(2)　「私の祖母は今日，出かけることができません」
4 (1)　「〜に着く」はget to 〜。

⑳ 許可・依頼を表すcan　本冊P.25

1 (1)　Can　　　(2)　you
2 (1)　Can, I　　(2)　Can, you
3 (1)　You can take a bath soon.
　　(2)　Can you teach English
4 (1)　Can you close[shut] the door?
　　(2)　Can I use your racket(s)?

解説
1 許可を求めるときはCan I 〜?，依頼するときはCan you 〜?を使う。
2 (1)　「出かけてもいいですか」
(2)　「彼女と一緒に買い物に行ってくれませんか」

㉑ 命令文　本冊P.26

1 (1)　Play　　　(2)　Make
2 (1)　Wash, hands　(2)　walk, to
3 (1)　Get up at six
　　(2)　Please listen to me.
4 (1)　私の宿題を手伝ってください。
　　(2)　今日は5時前に帰宅しなさい。
5 (1)　Study English before dinner.
　　(2)　Please carry this desk.
　　　/ Carry this desk, please.

解説
1 「〜しなさい」と指示するときは，英文を動詞で始める。
(1)　「サッカーをしなさい」
(2)　「すぐに昼食を作りなさい」
2 (2)　pleaseを使うと，「〜してください」というていねいな言い方になる。文の最初か最後に置けるが，最後に置くときには，pleaseの直前にコンマを入れること。
3 (2)　pleaseを使ったていねいな命令文。
4 (1)　help 〜 with ... は「〜の…を手伝う」。

Don't 〜. 本冊P.27

1 (1) Don't, come (2) Don't, stop

2 (1) Please, don't
(2) Don't, build, please

3 (1) Don't visit Tom at eight
(2) Please don't call my brother

4 (1) Don't use[ride] my bike[bicycle] today.
(2) Don't speak Japanese in the classroom.

解説

1 (2) 「立ち止まる」はstop。

2 pleaseを使うととていねいな言い方になる。

(1) 「速く歩かないでください」

(2) 「ここに家を建てないでください」

---

23 **Let's 〜. / Be 〜. ①** 本冊P.28

1 (1) Let's (2) Be

2 (1) Let's, practice (2) Be, quiet

3 (1) let's (2) Let's, not

4 (1) 公園に行きましょう。
(2) 注意しなさい。

5 (1) Be kind to your friends.
(2) Please be a popular singer.

解説

1 (1) 「サッカーをしましょう。 ― はい，いいですよ」「〜しましょう」と相手を誘うときは，Let's 〜.と言う。それに対して，応じるときはYes, let's.やSure.あるいはAll right.などと言う。断るときは，No, let's not.と言う。

(2) 「いい子にしていなさい，トム」
Be 〜.で「〜になりなさい，〜していなさい」。

3 (1) 「今日，昼食を作りましょう。
― はい，そうしましょう」

(2) 「私の部屋で音楽をききましょう。
― いいえ，やめておきましょう」

---

24 **Let's 〜. / Be 〜. ②** 本冊P.29

1 (1) Let's swim in the sea
(2) Don't be late

2 (1) Let's open the windows.
(2) Let's finish this work soon.

3 (1) 興奮してはいけません。
(2) よい選手でありなさい。

4 (1) Let's buy a[one] T-shirt at
that shop[store].
(2) Let's study English in my room.

解説

2 (1) 「その窓をあけましょう」

(2) 「すぐにこの仕事を終わらせましょう」

---

25 **a, an** 本冊P.30

1 (1) a (2) an

2 (1) イ (2) ウ

3 (1) a, teacher (2) an, old

4 (1) This is your notebook.
(2) I read an interesting book.

5 (1) Do you have a[one] car?
(2) This is not[isn't] an easy book.

解説

1 (2) 発音が母音で始まる名詞の前にはanを置く。形容詞の発音が母音で始まる場合も同様。

2 〈a[an]＋形容詞＋名詞〉の語順。

(1) 「あれは小さいネコですか」

(2) 「あなたは新しいコンピュータがほしいですか」

3 (2) 「(1つの)古い箱」はan old box。

4 (1) 「これはあなたのノートです」
aとyourは一緒に使えない。

(2) 「私はおもしろい本を読みます」
a bookをan interesting bookとする。

5 (2) 「簡単な」はeasy。an easy bookの語順。

26 名詞の単数形・複数形　本冊P.31

1 (1) brothers　(2) dictionaries

2 (1) five, children

　　(2) many, boxes

3 (1) I know about many countries.

　　(2) Do you need two watches?

4 (1) あなたはたくさんの男性が見えます

　　か。

　　(2) 私はかばんの中に1冊の本と2冊の

　　ノートを持っています。

5 (1) Do you want two pencils and

　　an[one] eraser?

　　(2) I have three small balls in this

　　box.

解説

1 (1) 「私には3人の兄弟がいます」

(2) 「あなたは辞書を3冊持っていますか」

2 (1) 「私は5人の子どもたちと遊びます」

(2) 「あなたはたくさんの箱を運びますか」

　　boxの複数形はboxes。

3 (1) countriesはcountryの複数形。

(2) watchesはwatchの複数形。

4 (1) a lot of ～で「たくさんの～」。

27 主語が複数形の文①　本冊P.32

1 (1) are　(2) Are

2 (1) We, visit　(2) Are, friends

3 (1) We're　(2) are, teachers

4 (1) You're not from Canada.

　　(2) They aren't my classmates.

解説

1 (1) 「私たちは仲のよい友達です」

　　friendsと複数形になっていることに注意。

(2) 「ケンとトムはバレーボールの選手ですか」

2 (2) 主語がtheyのときbe動詞はare。

3 (1) 「私たちはとても疲れています」

　　we areの短縮形はwe're。

(2) 「彼らは先生です」　主語が複数になるので,

　　teacherも複数形にする。

4 (1) 「あなたは」も「あなたたちは」もyouで

　　表す。you'reはyou areの短縮形。

(2) aren'tはare notの短縮形。

28 主語が複数形の文② 本冊P.33

1 (1) イ (2) エ (3) ア (4) ウ

2 (1) We are[We're] in the soccer club.
  (2) Do you play video games together?

3 (1) 私たちは野球選手ではありません。
  (2) 彼らはあなたと一緒に学校に行きますか。

4 (1) They run in the park every day.
  (2) We do not[don't] swim in the river in September.

解説

1 (1) 「あなたたちは英語の先生ですか。
  ― はい，そうです」
(2) 「あなたとケイトはこのラケットを使いますか。― いいえ，使いません」
(3) 「あなたの両親はアメリカの出身ですか。
  ― はい，そうです」
  your parents は they で受ける。
(4) 「ジムとキャシーは日本語を勉強しますか。
  ― いいえ，しません」
  Jim and Cathy は they で受ける。
2 (1) 「私たちはサッカー部に所属しています」
(2) 「あなたたちは一緒にテレビゲームをしますか」 you and your brother は you で表す。
4 (2) in September は文のはじめに置いてもよい。

29 These are ～. / Those are ～. ① 本冊P.34

1 (1) are (2) Are

2 (1) These (2) those

3 (1) These, are, guitars
  (2) Are, those, bags

4 (1) Those are big restaurants.
  (2) These boxes aren't heavy.

5 (1) These, are (2) Those, are

解説

1 (1) 「これらは辞書です」
  these は this の複数形。be動詞は are を使う。
(2) 「あれらはあなたの本ですか」
  those は that の複数形。be動詞は are を使う。
2 (1) boxes と複数形になっている。
(2) trains と複数形になっている。
3 (1) 「これらは私のギターです」
  guitar を複数形に。
(2) 「あれらはジョンのかばんですか」
  bag を複数形に。
5 (1) 「これらはあなたのペンです」
(2) 「あれらは私のおじの車です」

30 These are ～. / Those are ～. ② 本冊P.35

1 (1) they, are　(2) Are, they

2 (1) These are not [aren't] my balls.
　(2) Are those your sisters?

3 (1) あの人たちはグリーンさんの娘です。
　(2) これらのペンはときどき私のかばんに入っています。

4 (1) These are my father's CDs.
　(2) Are those small dogs?
　　— No, they are not [they're not / they aren't]. They are [They're] cats.

解説 .．．．

1 (1) 「これらは古いですか。— はい, 古いです」
theseはtheyで受ける。
　(2) 「あの選手たちは有名ですか。
　— いいえ, 有名ではありません」

2 (1) 「これらは私のボールではありません」
　(2) 「あの人たちはあなたのお姉さん [妹さん] ですか」

3 (2) sometimesは「ときどき」。
ふつう, be動詞のあと, 一般動詞の前に置く。

4 (2) thoseはtheyで受ける。

31 some, any ① 本冊P.36

1 (1) books　(2) any

2 (1) some　(2) any

3 (1) 水がいくらか
　(2) 家で何匹かイヌを飼っていますか

4 (1) Some students are in the gym.
　(2) They don't use any pencils.

解説 .．．．

1 (1) 「私はかばんの中に本を何冊か持っています」〈some＋数えられる名詞の複数形〉の形。
　(2) 「私たちはテレビゲームが1つもほしくありません」 not ～ anyで「1つも [まったく] ～ない」。

2 (2) 疑問文では, ふつうanyを使う。

4 (1) Some studentsが主語で, be動詞はare。
　(2) 「1本も使わない」はdon't use any ～。

32 some, any ② 本冊P.37

1 (1) some pictures
　(2) don't [do not] have any
　　/ have no

2 (1) I don't [do not] have any time.
　(2) We don't [do not] make any cakes. / We make no cake(s).

3 (1) 私の両親はコーヒーをまったく飲みません。
　(2) あなたはあの店でシャツを何枚か買いますか。

4 (1) I have some friends in London.
　(2) They do not [don't] read any books. / They read no book(s).

解説 .．．．

2 (1) 「私には時間がまったくありません」
no ～で「まったく [1つも] ～ない」。
　(2) 「私たちはケーキを1つも作りません」

3 (1) haveは「飲む」という意味も表す。

4 (2) 「1冊も読まない」はnot read any ～。

33 三人称単数の肯定文① 本冊P.38

1 (1) likes　　(2) plays
2 (1) calls　　(2) speak
3 (1) practices　　(2) visits
4 (1) She knows my parents.
　　(2) Bob leaves home at seven.

解説
1 (1) 「彼は野球が好きです」
(2) 「ベスはピアノをひきます」
2 (2) Paul and Kate は複数。動詞に s をつけない。
3 (1) 「彼女は毎日一生懸命にテニスを練習します」
(2) 「ジョーンズさんは3月に奈良を訪れます」

34 三人称単数の肯定文② 本冊P.39

1 (1) knows (about) Japanese food
　　(2) sometimes cleans
2 (1) My mother reads a book at night.
　　(2) Tom and Mike have some CDs.
3 (1) 私のおばは日曜日に自分の娘に数学を教えます。
　　(2) 彼は自分の友達とバイオリンをひきます。
4 (1) She works in London.
　　(2) He goes to the park with his son.

解説
1 (2) sometimes は一般動詞の前に置く。
2 (1) 「私の母は夜，本を読みます」
(2) 「トムとマイクは何枚かの CD を持っています」主語が複数になるので動詞は have にする。
4 (2) go は es をつけて goes にする。

35 三人称単数の疑問文 本冊P.40

1 (1) Does　　(2) dance
2 (1) Does, does　　(2) Does, does
3 (1) Does, wash　　(2) he, does
4 (1) Does she run fast?
　　(2) Does your dog swim in the river?
5 (1) Does your grandmother live near the station?
　　(2) No, she does not [doesn't].

解説
1 (1) 「彼は車をほしがっていますか」
(2) 「グリーンさんは上手におどりますか」
2 Does ～? には，does で答える。
3 (1)(2) 「彼女のお父さんは土曜日に自分の車を洗いますか。— はい，洗います」

36 三人称単数の否定文 本冊P.41

1 (1) does not　　(2) come
2 (1) does　　(2) doesn't
3 (1) does, help　　(2) doesn't, visit
4 (1) This child does not know Ken.
　　(2) My mother doesn't drink coffee.
5 (1) John does not [doesn't] play the guitar in the classroom.
　　(2) She does not [doesn't] sing songs [a song] well.

解説
1 (1) 「彼はすしが好きではありません」
(2) 「ケイトは午後，ここに来ません」
3 (1) 「彼は夕食のあと，自分のお母さんを手伝いません」
(2) 「私の祖父は夏に北海道を訪れません」
5 (2) 「上手に」は well。

37 主格　　　　　　　　本冊P.42

1 (1) I　　　　(2) He

2 (1) She　　　(2) he

3 (1) We, are, teachers

　　(2) They're, children

4 (1) You are[You're] very good

　　tennis players.

　　(2) She comes to school by bus.

解説

1 (1) 「あなたはかばんを作りますか。

　― はい，（私は）作ります」

(2) 「私の父は医者です。彼(かれ)はとても忙(いそが)しいです」

3 (1) teachersと複数形にするので，主語も

複数のWeにする。

4 (1) 「あなたたち」を表すYouにする。

(2) 交通手段は〈by＋乗り物〉で表す。

38 所有格　　　　　　　本冊P.43

1 (1) your　　　(2) our

2 (1) They always help their parents.

　　(2) I go shopping with Kate and

her sister.

3 (1) 私たちは彼の住所を知りません。

　　(2) 私たちの数学の先生はベスのお父さ

んです。

4 (1) I sometimes use her racket(s).

　　(2) Do you know (about) his

hobby?

解説

1 (1) 「あなたの」「あなたたちの」はyour。

2 (1) alwaysは一般(いっぱん)動詞の前に置く。

4 (2) 「趣味(しゅみ)」はhobby。

39 目的格　　　　　　　本冊P.44

1 (1) him　　　(2) them

2 (1) us　　　(2) her

3 (1) Ann knows him and me well.

　　(2) This book is difficult for you.

4 (1) I visit Kyoto with them.

　　(2) I receive it from her.

5 (1) Practice baseball with them.

　　(2) I often call him, but I don't

call her.

解説

1 (1) 「あなたは彼(かれ)を知っていますか」

(2) 「私は彼らのために昼食を作ります」

3 (1) 「彼と私を」はhim and me。

(2) 「あなたたちには」→「あなたたちにとって」

はfor you。

4 (1) 「私は彼女(かのじょ)らと一緒(いっしょ)に京都を訪(おとず)れます」

(2) 「私はそれを彼女から受け取ります」

5 (2) 「～が，（しかし）…」はbutで文をつな

ぐ。

④⓪ 所有代名詞　　本冊P.45

1 (1)　mine　　(2)　yours
2 (1)　his　　(2)　hers
3 (1)　Is that old piano hers?
　　(2)　This computer isn't mine.
4 (1)　Those umbrellas are ours.
　　(2)　Are these books yours?

解説

1 (1)　「この帽子は私のものです」
(2)　「これらのペンはあなたのものですか」
3 (1)　sheの目的格「彼女を」と所有格「彼女の」
　　はどちらもherで形が同じだが，「彼女のもの」
　　はhersとsがつく。
4 (1)　「私たちのもの」はours。
(2)　「あなた(たち)のもの」はyours。

④① what ①　　本冊P.46

1 (1)　is　　(2)　It
2 (1)　What, It　　(2)　What, play
3 (1)　What animal do you have?
　　(2)　What do they do in summer?
4 (1)　What's　　(2)　What, do
5 (1)　What color do you like?
　　(2)　I like red.

解説

1 (1)(2)　「これは何ですか。—(それは)ネコです」
2 (1)　thatは，答えるときは，itで表す。
(2)　「何のスポーツ」はwhat sportで表す。
3 (1)　「何の動物を~」はWhat animalで始める。
4 (1)　「あれはコアラです」→「あれは何ですか」
(2)　「彼らは夏休みに山に登ります」→「彼らは夏
　　休みに何をしますか」
5 (1)　「あなたは何の~が好きですか」は
　　What ~ do you like?

④② what ②　　本冊P.47

1 (1)　ウ　　(2)　イ
2 (1)　What, it, It's
　　(2)　What's, It's
3 (1)　time, do　　(2)　What, it
4 (1)　What time do you leave home
　　every day?
　　(2)　What day of the week is it
　　today?
5 (1)　What time is it in your
　　country?
　　(2)　What time do you eat[have]
　　lunch?

解説

1 (1)　「何時ですか。— 3時です」
　　時刻をたずねる言い方。
(2)　「今日は何曜日ですか。— 月曜日です」
　　曜日をたずねる言い方。
3 (1)　「彼らは8時に学校に来ます」→「彼らは
　　何時に学校に来ますか」
(2)　「今日は火曜日です」→「今日は何曜日ですか」
4 (1)　「家を出る」はleave home。
5 (1)　「あなたの国では」はin your country。

④ who　　　　本冊P.48

1 (1) Who　　(2) They
2 (1) Who, She　　(2) Who, is
3 (1) Who's your good friend?
　　(2) Who is that young man?
4 (1) Who　　(2) Who's
5 (1) Who knows his name?
　　(2) Who are those tall boys?

解説

1 (1) 「あの少年はだれですか。
　　― 彼は私の兄[弟]です」
(2) 「あの少女たちはだれですか。
　　― 彼女たちは私の友達です」
2 「だれ」とたずねるときはwhoを使う。
(1) that girlをsheで受けて答える。
(2) 「だれが~」と主語をたずねているので，
　　Mika is (sick).と答える。
4 (1) 「グリーンさんは上手にピアノをひきます」→「だれが上手にピアノをひきますか」
(2) 「あちらはトム・ブラウンです」→「あちらはどなたですか」
5 (1) 「だれが」と疑問詞whoが主語の文。Whoは主語になると三人称単数扱いなので，knows と動詞にsをつける。

④ where　　　本冊P.49

1 (1) Where　　(2) Where
2 (1) Where, is, By[Near]
　　(2) Where, In[At]
3 (1) Where　　(2) Where, does
4 (1) Where do you stay in winter?
　　(2) Where are our bikes?
5 (1) Where does your aunt live?
　　(2) She lives near the museum.

解説

1 (1) 「私の帽子はどこにありますか。―（それは）テーブルの上です」
(2) 「あなたはどこでギターをひきますか。― 自分の部屋です」
3 (1) 「彼のボールはどこにありますか」
(2) 「ケンジはどこで彼女と話しますか」
4 (2) our bikesは複数なのでare。

④ when　　　本冊P.50

1 (1) When　　(2) When
2 (1) When, does　　(2) When
3 (1) When, is　　(2) When, does
4 (1) When do you do your homework?
　　(2) When does he come to Tokyo?
5 (1) When do you leave home?
　　(2) I usually leave home before eight.

解説

1 (1) 「あなたの町の祭りはいつですか。― 9月2日です」
(2) 「あなたはいつ勉強しますか。― 夕食の前にします」
2 (1) your brotherが主語なのでdoes。
3 (1) 「トムの誕生日はいつですか」
(2) 「ユキはいつ大阪を訪れますか」

46 whose　　本冊P.51

1 (1) Whose　　(2) mine
2 (1) Whose, are, mother's
　　(2) Whose, is, Ken's
3 (1) Whose, is　　(2) Whose, are
4 (1) Whose caps are those?
　　/ Whose are those caps?
　　(2) Whose is that old car?
　　/ Whose old car is that?
5 (1) Whose shirts are those?
　　/ Whose are those shirts?
　　―（They are[They're]）Tom's
　　brother's.
　　(2) Whose is this notebook?
　　/ Whose notebook is this?
　　―（It is[It's]）Mine.

解説

1 (1) 「あの車はだれのものですか。―（それ
は）私の父のものです」
(2) 「これはだれの本ですか。―（それ）私のも
のです」
2 〈人名＋'s〉で「～のもの」。
3 (1) 「これはだれのCDですか」
(2) 「あれらのラケットはだれのものですか」
5 (1) 「トムの(Tom's)」「お兄さんのもの
(brother's)」の語順。

47 which　　本冊P.52

1 (1) Which　　(2) Which
2 (1) Which, chair, is
　　(2) Which, like
3 (1) Which book do you read
　　(2) Which is his, this desk
4 (1) Which movie do you like?
　　(2) Which is your new bike[bicycle]?

解説

1 one は前に出た名詞の代わりに使う代名詞。
(1) 「どれ[どちら]があなたのカップですか。
　― あれが私のものです」
(2) 「あなたはどの[どちらの]本がほしいですか。
　― 私はこれがほしいです」
4 (1) 「どちらの[どの]～」はwhich ～。
(2) Which「どれ」がこの文の主語。

48 how ①　　本冊P.53

1 (1) How　　(2) How
2 (1) How, By　　(2) How, It's
3 (1) How does John learn
　　Japanese?
　　(2) How are your father and
　　mother?
4 (1) How does his uncle go to
　　Osaka?
　　(2) How is[How's] the movie?
5 (1) How do you practice
　　basketball?
　　(2) How is[How's] his English
　　class? / How are his English
　　classes?

15

解説 ..☕

1 howは「どうやって〜」と手段をたずねる
　ときや,「どんなふうで〜」と状態や様子をたず
　ねるときに使う。

(1) 「あなたはどうやって学校へ行きますか。
　　— 私は歩いてそこへ行きます」

(2) 「(あなたは)今日はどうですか[お元気です
　　か]。
　　— 私は元気です」

3 (1) 「学ぶ」はlearn。

4 (1) by car「車で」の部分をたずねるので,
　　「どうやって」とたずねるhowの文。

(2) interesting「おもしろい」の部分をたずね
　　るので, 様子をたずねるhowの文。

---

49 how ②　　　　　　　　**本冊P.54**

1 (1) イ　　　　(2) ア
2 (1) How, carry　(2) many, apples
3 (1) How, much　(2) How, stars
4 (1) How many animals do you have?
　　(2) How much is that blue hat?
5 (1) How much is your new camera?
　　(2) How many bags do those men
　　　 have?

解説 ..☕

1 (1) 「あなたは鳥が何羽見えますか。
　　— (私は)3羽見えます」

(2) 「これはいくらですか。
　　— (それは)2ドルです」

2 数えられるものや人について「いくつ[何人]」
　　とたずねるときはHow many 〜?を使う。

4 (1) 「飼っている」はhave。

(2) 「いくら」と値段をたずねるときはHow much
　　〜?を使う。

---

50 how ③　　　　　　　　**本冊P.55**

1 (1) How　　　　(2) long
2 (1) How, old　　(2) How, far
3 (1) How tall is your brother?
　　(2) How high is that mountain?
4 (1) How old is your school?
　　(2) How long are these pencils?

解説 ..☕

1 (1) 「あなたは何歳ですか[どれくらい年を
　　とっていますか]。
　　— 13歳です」

(2) 「この橋はどれくらいの長さですか。
　　— 50メートルです」

2 〈How＋形容詞〉で「どれくらい〜か」と
　　程度をたずねることができる。

(1) 「どれくらい年をとっているか」
　　=「何歳か」

(2) farは「遠い」という意味の形容詞。
　　「どれくらい遠いか」=「距離はどれくらいか」

4 (1) oldには「古い」という意味もある。

51 現在進行形の肯定文① 本冊P.56

1 (1) am　　(2) are
2 (1) are, running　(2) is, studying
3 (1) is, reading　(2) are, talking
4 (1) 彼は子どもたちに数学を教えている
　　　ところです。
　　(2) 彼らは動物園で写真をとっていると
　　　ころです。

解説
1 (1) 「私はテニスをしているところです」
(2) 「ミキと私は歌っているところです」
2 (1) 「私たちはイヌと走っているところです」
(2) 「ケンは英語を勉強しているところです」
4 (2) take picturesは「写真をとる」。

52 現在進行形の肯定文② 本冊P.57

1 (1) practicing　　(2) making
2 (1) is cleaning his room
　　(2) are listening to music
3 (1) Tom is swimming in the pool.
　　(2) They are[They're] working in
　　　Yokohama.
4 (1) I am[I'm] reading an English
　　　book.
　　(2) We are[We're] having[eating]
　　　lunch in the park.

解説
3 (1) 「トムはプールで泳いでいるところです」
(2) 「彼らは横浜で働いているところです」

53 現在進行形の疑問文① 本冊P.58

1 (1) Is　　(2) talking
2 (1) Is, enjoying, she
　　(2) Are, coming, I'm
3 (1) Is he practicing baseball with
　　　his teammates?
　　(2) Yes, he is.
4 (1) Are you waiting for your father?
　　(2) Is Mike going to school?

解説
1 (1) 「彼はそこで走っているところですか」
(2) 「生徒たちはその男の子に話しかけていると
　　ころですか」
3 (1)(2) 「彼はチームメートたちと野球を練習し
　　ているところですか。— はい，そうです」

54 現在進行形の疑問文② 本冊P.59

1 (1) What　　(2) How
　　(3) Where　　(4) Who
2 (1) What, is　(2) Who's, teaching
3 (1) Where is he running with his dog?
　　(2) How are they making a chair?
4 (1) Where is[Where's] your mother
　　　listening to music?
　　(2) What are you looking for?

解説
1 (1) 「あなたは何のスポーツをしているところ
　　ですか。— 私はサッカーをしているところです」
(2) 「彼らはケーキをいくつ作っているところです
　　か。— 10個くらいです」
(3) 「彼はどこで歌っているところですか。— 庭です」
(4) 「だれがあなたのベッドで眠っていますか。
　　— 私の兄[弟]です」
4 (1) 「~をきく」はlisten to ~。

55 現在進行形の否定文① 本冊P.60

1 (1) aren't (2) coming
2 (1) not, going (2) aren't, drawing
3 (1) not, calling (2) isn't, swimming
4 (1) She's not carrying many boxes.
  (2) Ms. Smith isn't sleeping in her room.

解説

1 (1) 「私たちは理科を勉強しているところではありません」
(2) 「ケイトはここに来るところではありません」
2 (1) 「私は母と一緒に買い物に行くところではありません」
(2) 「あの生徒たちは向こうで絵を描いているところではありません」

56 現在進行形の否定文② 本冊P.61

1 (1) are, not, making [baking]
  (2) is, not, writing
2 (1) We are not [We're not / We aren't] eating lunch in the classroom.
  (2) John's mother is not [isn't] driving a car near the museum.
3 (1) トムは日本語の本を読んでいるところではありません。
  (2) 彼らは自転車で学校に行くところではありません。
4 (1) Kate is not [isn't] practicing the guitar.
  (2) I am [I'm] not making [cooking] breakfast now.

解説

2 (1) 「私たちは教室で昼食を食べているところではありません」
(2) 「ジョンのお母さんは博物館 [美術館] の近くで車を運転しているところではありません」

57 規則動詞① 本冊P.62

1 (1) played (2) studied
2 (1) closed (2) lived
3 (1) called (2) practiced
  (3) helped, yesterday
  (4) visited, last
4 (1) He lived in London three years
  (2) wanted a camera last month

解説

1 (1) 「彼女は昨日，テニスをしました」
(2) 「トムは放課後に，数学を勉強しました」
2 (1) 「私は窓を閉めました」
(2) 「私のおばは神戸に住んでいました」

58 規則動詞② 本冊P.63

1 (1) listened, to, music
  (2) liked, very
2 (1) I watched TV with my family last Sunday.
  (2) She called her uncle last night.
3 (1) 彼は私に私の計画についてたずねました。
  (2) この前の６月，雨がたくさん降りました。
4 (1) I used my father's computer last month.
  (2) John lived in New York ten years ago.

解説

2 (1) 「私はこの前の日曜日に家族と一緒にテレビを見ました」
(2) 「彼女は昨夜，おじさんに電話しました」
4 last month などの時を表す語句は文頭可。

不規則動詞①　本冊P.64

1 (1) wrote　(2) made

2 (1) saw[met], yesterday

(2) got, last

3 (1) gave　(2) bought

4 (1) spoke Japanese well then

(2) read ten books last month

解説

1 (1) 「私は昨日，彼女(かのじょ)に手紙を書きました」

(2) 「マリは昨日の朝，私たちのために朝食を作りました」

3 (1) 「彼女はよく私に本を何冊かくれました」

(2) 「私たちはCDを何枚か買いました」

4 (2) readは現在形も過去形も同じ形。

---

60 **不規則動詞②**　本冊P.65

1 (1) came here

(2) knew you

2 (1) I went to bed late last night.

(2) We had lunch with our friends three days ago.

3 (1) 私たちの夏休みは5日前に始まりました。

(2) 彼女(かのじょ)は図書館で自分のかばんを見つけました。

4 (1) I did my homework yesterday.

(2) He had[ate] two apples for breakfast.

解説

2 (1) 「私は昨夜，遅(おそ)く寝(ね)ました」

(2) 「私たちは3日前，友達と昼食を食べました」

4 (1) yesterdayなどの時を表す語句は文頭可。

---

61 **一般動詞の過去の疑問文①**　本冊P.66

1 (1) Did　(2) study

2 (1) Did, did　(2) Did, use, didn't

3 (1) Did Ms. Sawada get to the station at ten?

(2) No, she did not[didn't].

4 (1) Did he enjoy the concert last week?

(2) Did Mike use this computer yesterday?

解説

3 (1)(2) 「サワダさんは10時に駅に着きましたか。— いいえ，着きませんでした」

---

62 **一般動詞の過去の疑問文②**　本冊P.67

1 (1) Where　(2) How

(3) When　(4) What

2 (1) When, did　(2) Who, used

3 (1) Where did your uncle work three years ago?

(2) Which car did she drive?

4 (1) What time did you go to bed yesterday?

(2) What did your parents bring to the park?

解説

1 (1) 「彼(かれ)はどこでピアノをひきましたか。

— 彼は自分の部屋でそれをひきました」

(2) 「彼らはどうやって駅に行きましたか。

— 彼らはバスでそこに行きました」

(3) 「ベスはいつ昼食を作りましたか。

— 彼女(かのじょ)はこの前の日曜日にそれを作りました」

(4) 「あなたは昨日，何を作りましたか。

— 私はパイをいくつか作りました」

2 (1) 「いつ，雨がたくさん降りましたか」

itは天候を表す文中で主語になる。

(2) 「昨日の午後，だれがあの自転車を使いましたか」

63 一般動詞の過去の否定文 本冊P.68

1 (1) did　　　　(2) didn't

2 (1) didn't, like, ago

(2) didn't, help, last

3 (1) did, not　　(2) didn't, wash

4 (1) didn't wait for our aunt

(2) didn't talk to Ken

5 (1) She did not[didn't] practice the piano after school.

(2) My brother did not[didn't] want a new watch.

解説

2 did not[didn't]のあとは動詞の原形。

3 (1) 「私はこの前の日曜日, 昼食を作りませんでした」

(2) 「私の姉[妹]は夕食の前に手を洗いませんでした」

5 (1) 「放課後に」はafter school。

64 be動詞の過去の肯定文 本冊P.69

1 (1) am　(2) were　(3) was　(4) is

2 (1) was, tired　　(2) were, free

3 (1) My mother was a music teacher five years ago.

(2) They were very excited yesterday.

4 (1) The book was very interesting for[to] me.

(2) I was sick last Monday.

解説

1 (1) 「私は今, 14歳です」

nowがあるので現在のことを表している。

(2) 「あなたとあなたのお姉さん[妹さん]は昨日, 図書館にいました」 主語が複数なのでwere。

(3) 「私は先週, 幸せでした」

(4) 「ユミのいとこは今, 中学生です」

3 (1) 「私の母は5年前, 音楽の先生でした」

(2) 「彼らは昨日, とてもわくわくしていました」

4 (1) 「私には」はfor meまたはto me。

65 be動詞の過去の疑問文① 本冊P.70

1 (1) Was, wasn't　(2) Were, were

2 (1) Were, ago, weren't

(2) Was, it, it, wasn't

3 (1) Was your sister in New York last month?

(2) Were our bikes in the garden yesterday?

4 (1) Was Mr. Green's car in front of his house this afternoon?

(2) Yes, it was.

5 (1) Were you in Osaka last night?

(2) Was your grandmother tired yesterday?

解説

1 (1) 「オカさんは2か月前に神戸にいましたか。

― いいえ, いませんでした」

(2) 「彼の両親は昨日, 家にいましたか。

― はい, いました」

2 (1) were notの短縮形はweren't。

(2) 天気や寒暖をたずねる言い方。was notの短縮形はwasn't。

4 (1)(2) 「グリーンさんの車は今日の午後, 彼の家の前にありましたか。 ― はい, ありました」

5 (1) 主語が「あなたは」なので, be動詞はwere。

1 (1) Where   (2) When

    (3) Who   (4) What

2 (1) Where, They, were

    (2) How, She, was

3 (1) そのとき，あの木の下に何がありましたか。

    (2) あなたとあなたのお母さんは1時間前，どこにいましたか。

4 (1) When were you in Yokohama?

    (2) Who was kind to you in your class?

解説

1 (1) 「あなたは3時にどこにいましたか。
— 私はレストランにいました」

(2) 「トムはいつカナダにいましたか。
— 彼は2年前にそこにいました」

(3) 「そのときだれがあなたと一緒にいましたか。
— 私の父です」

(4) 「昨日，門のそばに何がありましたか。
— 私の自転車です」

(3)(4)「だれが」「何が」と主語をたずねている。

2 (1) 「あなたの兄弟は3時間前，どこにいましたか。— 彼らはスーパーにいました」

(2) 「昨夜，あなたのお母さんはどんな様子でしたか。— 彼女は疲れていました」

1 (1) was, not   (2) were, not

2 (1) They, weren't

    (2) wasn't

3 (1) wasn't warm last month

    (2) weren't students fifteen years ago

4 (1) Paul was not[wasn't] angry two days ago.

    (2) My sister and I were not [weren't] busy last Saturday.

解説

1 be動詞の過去の否定文は，wasやwereのあとにnotを置く。

2 (1) 「彼らはこの前の夏，福岡にいませんでした」短縮形weren'tを使う。

(2) 「あなたの帽子はベッドの上にありませんでした」 短縮形wasn'tを使う。

3 短縮形wasn'tとweren'tを使った文。

4 (2) 主語が複数なのでwere。

1 (1) was　(2) swimming
2 (1) were　(2) driving
3 (1) cooking　(2) crying
4 (1) My mother was drinking coffee.
　(2) They were practicing the guitar.
5 (1) We were looking for Kate's umbrella.
　(2) My father was reading the newspaper in the living room.

解説

1 「～していた」という過去進行形は，〈be動詞の過去形＋動詞のing形〉の形。
(1) 「私はピアノをひいていました」
(2) 「彼はプールで泳いでいました」
3 (1) 「ポールはお姉さん[妹さん]と一緒に夕食を作っていました」
(2) 「子どもたちは向こうで泣いていました」
4 (1) 「私の母はコーヒーを飲んでいました」
(2) 「彼らはギターを練習していました」
5 (1) 「～を探す」はlook for ～。

1 (1) Was, having　(2) she, was
2 (1) Were, were
　(2) Was, she, wasn't
3 (1) Was she crying at that
　(2) Were you taking care of your grandmother?
4 (1) Was my mother driving her car? — No, she was not[wasn't].
　(2) Were you swimming in the river? — Yes, I was.

解説

1 「彼女はクラスメートたちと昼食を食べていましたか。— はい，食べていました」
2 (1) 「あなたたちはそのとき，図書館で本を読んでいましたか。— はい，読んでいました」
(2) 「あなたのお姉さん[妹さん]はそのとき，窓のそばにすわっていましたか。
　— いいえ，すわっていませんでした」
3 (1) 「そのとき」はat that time。
(2) 「～の世話をする」はtake care of ～。
4 (1) driveの進行形はeをとってing。
(2) swimの進行形はmを重ねてing。

70 過去進行形の疑問文② 本冊P.75

1 (1) What　(2) Where
　　(3) Who　(4) When
2 (1) What, doing　(2) Who, was
3 (1) Where were you taking
　　　pictures?
　　(2) What was he talking about
　　　then?
4 (1) Where were you waiting for
　　　him?
　　(2) When was Mary making that
　　　bag?

解説

1 (1) 「あなたは何を見ていましたか。
　― 私はフィギュアスケートを見ていました」
(2) 「ジムはどこで勉強していましたか。
　― 彼は自分の部屋で勉強していました」
(3) 「だれがそこでおどっていましたか。
　― ベスです」
(4) 「あなたたちはいつ料理をしていましたか。
　― 私たちは今朝，料理をしていました」
2 (1) 「キャシーは何をしていましたか」
playingにも下線があるので，playではなくdo
を使って「何をしていたか」をたずねる。
(2) 「だれが子どもたちに英語を教えていました
か」
4 疑問詞のあとにはふつうの疑問文が続く。

71 過去進行形の否定文 本冊P.76

1 (1) was, not　(2) were, not
2 (1) wasn't, studying
　　(2) weren't, playing
3 (1) wasn't working here yesterday
　　(2) were not standing at
4 (1) We weren't[were not] playing
　　　soccer in the park.
　　(2) He wasn't[was not] sleeping
　　　under the tree.

解説

1 現在進行形のbe動詞を過去形にすると過去進
行形を作ることができる。
2 いずれも短縮形を使う。
was not → wasn't, were not → weren't
3 (2) 「～のところに」はat ～で表す。
4 (2) 「～の下で」はunder ～で表す。

72 感嘆文 本冊P.77

1 (1) How　(2) What
2 (1) How　(2) What, an
3 (1) なんて難しいのでしょう！
　　(2) なんて高い木でしょう！
4 (1) How beautiful!
　　(2) What a cute dog!

解説

1 (1) 「なんて親切なのでしょう！」
〈How＋形容詞[副詞]!〉で「なんて～だろう！」
という意味。
(2) 「なんてすてきなかばんでしょう！」
〈What＋(a / an＋)形容詞＋名詞 ～!〉で「な
んて～な…だろう！」という意味。
2 (2) old book「古い本」はoldが母音で始ま
るので，前にはanを置く。

1 (1)　are　　　　(2)　look

2 (1)　looks, cool

　　(2)　look, expensive

3 (1)　Her cat looked very cute.

　　(2)　Do they look busy?

4 (1)　His house looks old.

　　(2)　This book does not[doesn't]
look easy.

解説

1 (2)　lookは「見る」という意味があるが，あとに形容詞を続けると「～に見える」という意味になる。

2 (1)　lookは一般動詞。主語が三人称単数の現在の文ではsをつける。

3 (1)　lookは規則動詞。過去形はlooked。

(2)　lookは一般動詞なので，DoやDoes，Didなどを使って疑問文を作ることができる。

4 (2)　一般動詞の否定文の形。主語This bookは三人称単数。

1 (1)　want to　　　(2)　needs to

2 (1)　want, to　　　(2)　tried, to

3 (1)　She wants to buy shoes.

　　(2)　We need to wash the dishes.

4 (1)　Do you want to use this
computer?

　　(2)　My father tried to catch the
fish.

解説

1 (1)　「私は昼食が食べたいです[昼食を食べることをほっしています]」

(2)　「彼は宿題をする必要があります[宿題をすることを必要としています]」

4　want to ～「～したい」，try to ～「～しようとする」などのあとにくる動詞は，過去の文などでも原形のままにする。